Inhaltsverzeichnis

Vorwort

Liebe Leserin, lieber Leser,

leben und lernen in der Schule heißt viele, viele Stunden gemeinsam in einem Klassenraum verbringen. Lehrer und Kinder verbringen an Schultagen oft mehr Zeit in diesem Raum, als in einem beliebigen anderen Raum. Grund genug, um besonders diesen „Wohnplatz" gemütlich einzurichten, um sich morgens wohlzufühlen. Ein ansprechender, „heimeliger" Raum wirkt sich nicht nur auf die Stimmung der Kinder, sondern auch auf die der Lehrkraft aus. Einen großen Bereich des gestaltbaren Teils der Klasse machen die meterlangen Wände aus. Diese kann man schnell mit Merkregelplakaten, Fertigpostern oder Aufsätzen „zupinnen". Die provozierende Leere ist dann zwar zugehängt, zur Atmosphäre des Raumes trägt dies aber sicher nicht bei.

Ganz anders wirken Klassen, deren Wände mit farbigen, leuchtenden Malereien der Kinder gestaltet sind. Nicht nur die Kinder empfinden stolz den Raum als „ihren" Raum, zu dem sie als Teil der Gemeinschaft gehören. Liebevoll gemalte Bilder sind auch ein Augenschmaus, den man sich immer wieder gerne ansieht und bei dessen Betrachtung man „die Seele baumeln lassen kann". Sind die Kunstwerke zudem auf einfache Tonpapier-Passepartouts aufgeklebt und als Bildergruppe aufgehängt, wirken sie zum einen kostbar und edel und erscheinen zum anderen (durch den farblichen Passepartout-Zusammenhang) nicht unruhig, sondern wie ein optisches Ganzes.

Altersstufenzuordnung

Im Folgenden biete ich Ihnen einige Kunstprojekte an, die sich meiner Meinung nach sehr gut zur Raumgestaltung eignen. Grundsätzlich können Sie alle Bilder in allen Jahrgangsstufen malen. Je nach Alter und Fähigkeiten der Kinder werden die Themen etwas weniger aufwändig gestaltet. In jüngeren Klassen wird einfach etwas „gröber" gearbeitet. Das schadet aber der Bildwirkung nicht. Dennoch eignen sich die einzelnen Bilder für eine bestimmte Jahrgangsstufe oft besonders. Als grobe Richtlinie kann folgende Einteilung gelten:

1.–4. Jahrgangsstufe: Projekte Nr.: 1, 4, 5, 6, 10, 14

1./2. Jahrgangsstufe: Projekte Nr.: 2, 11, 13

3./4. Jahrgangsstufe: Projekte Nr.: 3, 7, 8, 9, 12, 15

Projektarbeit

Projekt- und fächerübergreifendes Arbeiten ist nicht nur „im Trend", sondern für mich eine äußerst sinnvolle Unterrichtsform. Natürlich darf sich da der Kunstunterricht nicht ausschließen. Dies ist auch nicht nötig, weil es zu allen Sach-Deutsch-Projektthemen sehr reizvolle Bildthemen und -aufgaben gibt.

Oft spielen Tiere eine wichtige Rolle. Sie sind in den verschiedensten Zusammenhängen ein beliebtes Gestaltungsobjekt für Kinder. Sie lassen sich gut in einen „menschlichen" Sachzusammenhang übertragen und integrieren: Es gibt Tier-Freundschaften, Tier-Wohnungen, Tier-Nahrung, Tier-Familien, Tier-Körperpflege ... Die Erfahrungswelt der Kinder wird von (teilweise vermenschlichten) Tierfiguren wieder erlebbar gemacht.

Die „Trickkiste"

Kostbar und interessant wirkende Bilder kann jeder mit ein paar Tricks zu jedem Thema gestalten. Die folgenden „Tricks" habe ich bei fast allen Bildern angewendet und möchte sie nun erläutern:

1. **Material- und Technikmix:** Der „Haupttrick" der nachfolgenden Bilder liegt im sogenannten Material- und Technikmix: Verschiedene Materialien und Gestaltungstechniken werden in einem Bild miteinander verbunden. Ein erwünschter Nebeneffekt ist dabei, dass man auf diese Weise auch Gestaltungsbereiche mit einbinden kann, die häufig vernachlässigt werden. Das liegt oft daran, dass es wenig einfache, aber dennoch attraktive Gestaltungsaufgaben gibt, die nicht mit großem Aufwand verbunden sind. Hier denke ich vor allem an die Bereiche „Textiles Gestalten" und „Räumliches

Gestalten". Diese werden zwar innerhalb eines Materialmixes nicht hinreichend behandelt, dafür aber auch nicht grundsätzlich oder zu lange vom Gestaltungsunterricht übergangen. Ein schönes Beispiel hierzu finden Sie mit Projekt Nr. 7 „Theaterbesuch".

2. **Collage:** Sie ist ein weiteres wichtiges Wirkmittel. Hier ist vor allem gemeint, interessante Perspektiven und Überschneidungen in einem Bild zu verwirklichen, ohne den Kindern schon perspektivisches Malen mit Motivüberschneidungen abzuverlangen. Sich überschneidende Bildelemente werden dabei einzeln gemalt und nacheinander auf das Hintergrundblatt geklebt (s. Projekt Nr. 8 „Sigi, der Dinosaurier"). Das bedeutet aber nicht, dass man Kinder, die sich Bildprobleme wie zum Beispiel „Überschneidungen" zutrauen, daran hindert, ihre Fähigkeiten auszuprobieren. Fordern Sie stets von den Kindern, was möglich ist, und lassen Sie in diesen Fällen die Collagetechnik einfach weg.

3. **Zweifarbiges Ausgestalten von Farbflächen:** Dies ist ein weiterer „Dauertrick". Schon meine Erstklässler begreifen das einfache Prinzip, das einem Bild mehr Leben und Tiefe gibt: Jede Farbfläche wird in der vorgesehenen Farbe ausgemalt. Anschließend wird eine der beiden „Nachbarfarben" auf einen Teil der noch nassen Farbfläche gepinselt. Dabei entstehen interessante Farbmischungen, die ein reizvolles Farbenspiel erzeugen.
Voraussetzung für diese Gestaltungsfähigkeit ist die Kenntnis von Nachbarfarben. Am leichtesten kann man diese am Ittenschen Farbkreis ablesen, der auch in anderen Zusammen-hängen beim Farbgestalten immer wichtig ist (s. S. 4). Nachbarfarben sind die links und rechts neben einer Farbeliegenden Farben (z. B. sind die Nachbarfarben der Farbe Rot die Farben Rotviolett und Rotorange).
Alternativ zu den Nachbarfarben kann man fertige Farbflächen auch mit Wasser ausschwemmen. Man nimmt (z. B. mit einem Küchenpapiertuch) Farbe aus der noch nassen Fläche heraus und hellt diese dadurch stellenweise auf.

4. **Konturieren:** Es hebt das Motiv deutlich hervor und lässt die Farben klarer erscheinen. Die Wirkung ist auf jeden Fall verblüffend. Hiermit erzielt man auch bei Bildern, die auf den ersten Blick „verschmiert" erscheinen, eine erstaunliche Wirkung, wenn man die Umrisslinien mit einem schwarzen Filzstift einfasst. Im Anschluss können die Motive noch binnendifferenziert werden. Mit dem schwarzen Filzstift werden grafische Bildmittel (Punkt, Linie, lineare Muster etc.) als zusätzliche Bereicherung der Bildelemente und des Hintergrundes hinzugefügt. Wenn die kleinen Künstler mit Ruhe und Sorgfalt zeichnen, wird auf diese Weise aus jedem Bild eine Kostbarkeit.

5. **Zusätzliche Räumlichkeit:** Sie erzielen sie dadurch, dass Sie die als Collageelemente vorgesehenen Motivteile auf „Abstandhalter" kleben, sodass diese dann etwas vom Bild abstehen (s. z. B. Projekt Nr. 6).

6. **Passepartout:** Es wertet abschließend jedes Bild noch einmal kräftig auf.

Dass Sie mit diesen einfachen Mitteln auf jeden Fall einen optischen Blickfang gestalten können, beweist u. a. das Experiment einer Kollegin, das im ersten Band „Sommer und Herbst" abgebildet ist. Sie unterrichtet Kunst fachfremd. Meine Kollegin hat sich zu einem Sachthema selbst ein Bildthema ausgedacht und es mit den oben beschriebenen „Tricks" zusammen mit ihrem zweiten Schuljahr auf Papier gezaubert. Eine Palette von Ideen für ein Bild sowie Möglichkeiten und Anregungen findet jeder in Kinderbüchern, im Museum, auf (Kunst-)Postkarten, bei Spaziergängen durch die Natur …

Der Farbkreis im Kunstunterricht

Um wirkungsvoll malen zu können, hilft es sehr, sich mit Farben und deren Wirkungen zu befassen. Schon im ersten Schuljahr lernen die Kinder bei mir den Ittenschen Farbkreis kennen, den wir für unsere „Trickkiste" regelmäßig zu Rate ziehen.
Tipp: Malen Sie einmal mit den Kindern den Ittenschen Farbkreis (s. Skizze und S. 24), am besten im DIN-A3-Format. Ihre Schüler sammeln viele Erfahrungen hinsichtlich des Farbmischens, der Mischfarben selbst und der Farbzusammenhänge.

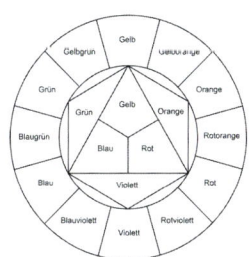

Durch Mischen benachbarter Farben erhält man eine Kette von Farbtönen, die sich chromatisch aneinanderfügen. J. Itten hat in Anlehnung an Newton und Goethe deren Farbband zu einem Kreis geschlossen. Im Inneren enthält er die Primär- und Sekundärfarben. Im Farbkreis liegen ähnliche Farben nebeneinander, gegensätzliche Farben (Komplementärfarben) liegen sich gegenüber: Gelb als hellste und Violett als dunkelste Farbe, Rot als aktivste und Grün als passivste Farbe, Blau als kälteste und Orange als wärmste Farbe.

Eine gut gelungene Schülerarbeit könnte zur ständigen Orientierung in der Klasse aufgehängt werden.

Gebraucht wird dieser Farbkreis dann unter anderem bei der Erarbeitung der Farbkontraste:

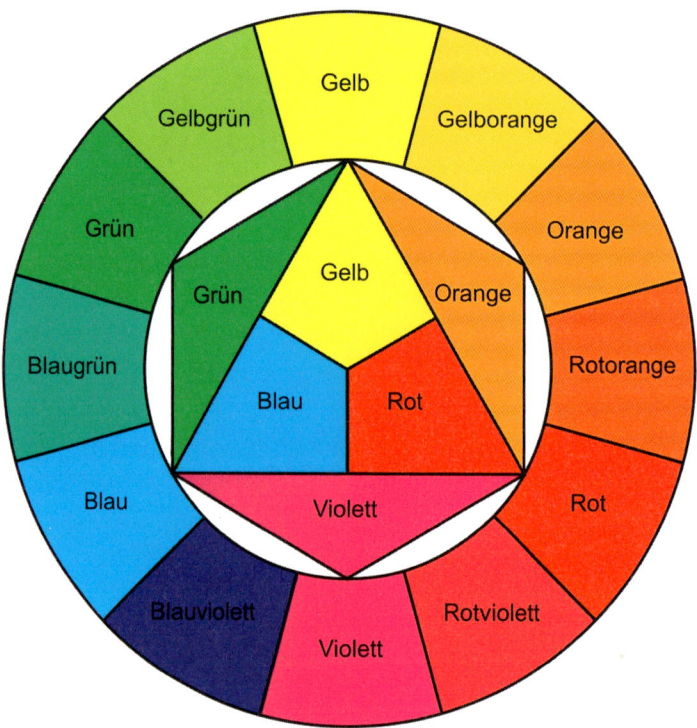

1. **Farbe-an-sich-Kontrast:** Ein Kontrast, der von ungetrübten, „reinen" Farben gebildet wird. Bildvorschläge, denen dieser Farbkontrast zugrunde liegt, finden Sie u. a. in den Projekten Nr. 7, 8, 10, 11, 13.

2. **Hell-Dunkel-Kontrast:** Jede Farbe hat neben ihrem Farbton einen bestimmten Helligkeitswert. Gelbtöne zählen zu den hellsten Farben, Violett zu den dunkelsten. Helligkeiten können durch Schwarz-Weiß-Beimischungen verändert werden (u. a.: Projekt Nr. 7).

3. **Kalt-Warm-Kontrast:** Farben, die überwiegend Gelb, Orange und Rot enthalten, werden den warmen Farben, die mit vorwiegendem Blauanteil den kalten Farben zugeordnet. Beide Farbgruppen rufen verschiedene Raumwirkungen hervor. Warme Farben drängen nach vorne und scheinen uns näher zu liegen, kalte Farben weichen zurück und schaffen räumliche Tiefe (u. a.: Projekt Nr. 3, 6, 7).

4. **Komplementär-Kontrast:** Größte Kontrastwirkungen entstehen, wenn Farben, die sich auf dem Farbkreis gegenüberliegen, nebeneinandergestellt werden. Entsprechen sich die Helligkeitswerte und die Farbsättigung eines komplementären Farbpaares, so ist ihre Kontrastwirkung am stärksten (u. a. Projekt Nr. 3, 7, 10 und besonders 14).

5. **Simultan-Kontrast:** Wenn sich zwei benachbarte Farben gegenseitig so beeinflussen, dass jede Farbe ihrer benachbarten die eigene Komplementärfarbe übermittelt und deren Helligkeit oder Dunkelheit verstärkt, spricht man vom Simultan-Kontrast (Entstehung von Nachbildern in der Komplementärfarbe nach längerer Farbbetrachtung).

6. Qualitätskontrast: Er entspricht dem Gegensatz von gesättigten (reinen) und getrübten Farben. Qualitätskontraste finden Sie in all den Bildern, bei denen eine Farbe differenziert wird, aber auch bei Projekt Nr. 3, 6, 9, 14.

7. Quantitätskontrast: Er bezieht sich auf das Größenverhältnis von Farbflächen. So kann zum Beispiel das helle Gelb bei gleicher Ausdehnung das Violett zu einem „Dunkel" abschwächen, Gelb hat mehr Strahlkraft (u. a. in Ansätzen Projekt Nr. 1, 4, 5, 7, 12, 15 (vgl. auch K. Eid u. a.: „Grundlagendes Kunstunterrichts", Paderborn, u. a. 1980, S. 40 ff.).

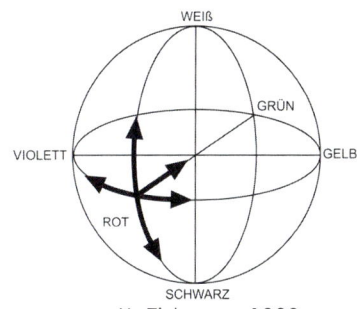

aus: K. Eid, u. a. 1980

Weniger für die Schüler als für den unterrichtenden, interessierten Lehrer erwähne ich im Folgenden noch die dreidimensionalen Farbsysteme: Um alle Farbtöne darstellen zu können, entwickelten u. a. Maler wie Ph. O. Runge (1777–1810) räumliche Gliederungssysteme wie die Farbkugel. Diese Systeme werden der Tatsache gerecht, dass sich jede Farbe nach fünf Richtungen verändern lässt: Sie kann zu ihren Nachbarfarben abgestuft werden, mit Weiß aufgehellt, mit Schwarz abgedunkelt oder mit ihrer Gegenfarbe (der Komplementärfarbe) gemischt werden. Farbübungen zum Aufhellen mit Weiß finden Sie im Projekt Nr. 2 und 6. Farbübungen zum Abdunkeln mit Schwarz im Projekt Nr. 7 (Hintergrundgestaltung). Das Mischen von Komplementärfarben können Sie überall dort zur Anwendungen bringen, wo die Farbe Braun benötigt wird (vgl. K. Eid u. a.: „Grundlagen des Kunstunterrichts", Paderborn, u. a. 1980, S. 45).

Anmerkungen zum Kunstunterricht

Für den Kunstunterricht mit Grundschülern im Zusammenhang mit Malerei hat sich Folgendes bewährt:

1. Bewusste Wahrnehmung: Möchte man mit den Kindern ein bestimmtes Bildzeichen (Mensch, Haus, Baum, Tier …) zur Weiterentwicklung des individuellen Formbestandes zeichnen oder malen, muss der Gestaltung eine eingehende Betrachtung oder Benennung von Motivbestandteilen vorausgehen. Nur das, was bewusst wahrgenommen oder gezielt erinnert wird, liegt in der Formvorstellung vor und kann dargestellt werden. Je gründlicher Sie diese Phase gestalten, desto differenzierter werden die Kinderzeichnungen und -malereien sein.

2. Entwurf: Sollte eine Vorzeichnung nötig sein, um eine Motivform, eine Motivgröße oder die Einordnung in das Bildformat zu finden, würde ich den Bleistift im Federmäppchen lassen. Mit dem Bleistift gezeichnete Formen lassen sich häufig nicht mit Deckfarbe aus- und weitermalen, weil sie zu klein und differenziert werden. Besser ist das Vormalen mit grauem Wasser. Motivbestandteile, die sehr klein und zierlich sind, können später immer noch auf das trockene, fertig gemalte Motiv mit einem feinen Pinsel oder mit einem Filzstift aufgemalt werden.

3. Konturentrick: Für das Konturieren der Umrisslinien (s. o.) kann man einen schwarzen Filzstift verwenden. Gut eignen sich wasserfeste Stifte in den Strichstärken 1–4 mm. Die Anschaffung eines Klassensatzes lohnt sich. Die Bildwirkung ist fantastisch und die Stifte können bei fast jeder Malerei zum Einsatz kommen.

4. Basismaterial: Ferner benötigen Sie grundsätzlich folgendes Material: einen guten Deckfarbenkasten, Zeichenpapier DIN A3, Wassergläser (Marmeladengläser eignen sich sehr gut und können zwischendurch einmal in die Spülmaschine gestellt werden), alte Lappen oder Küchentücher zur Pinselreinigung, Spüllappen zur Reinigung der Tische.
Ich stelle den einzelnen Tischgruppen in meiner Klasse stets einen Kunststoffbehälter (aus dem Baumarkt) zur Verfügung. Deckfarben, Pinsel, Klebstoff, Schere, Wassergläser und Lappen der gesamten Tischgruppe gehören dort hinein. Der Kasten wird zu Beginn der Stunde vom Ordnungsdienst auf die Tischgruppen gestellt. Dieser füllt auch für jeweils zwei Kinder ein Marmeladenglas mit Wasser.

Dadurch erspare ich mir das „nervige" Herumgerenne aller Kinder. Dennoch hat jeder alles für die Stunde schnell zur Verfügung. Die Zeichenblöcke werden auch tischgruppenweise aufbewahrt und vom Ordnungsdienst packenweise an die Tische verteilt. Am Ende der Stunde muss alles wieder ordentlich in die Kästen geräumt werden. Der Ordnungsdienst holt die Kästen schließlich wieder ab und stellt sie in den Schrank. Auf diese Weise funktioniert die Materialorganisation meiner Erfahrung nach am schnellsten und ruhigsten.

5. **Leistungsbewertung:** Da die Kinder der 3. und 4. Jahrgangsstufe auf dem Zeugnis eine Kunstnote erhalten müssen, stellt sich noch die Frage nach den Bewertungskriterien. Grundsätzlich habe ich für mich persönlich **drei Bewertungsbereiche** zu jedem Bild festgelegt:

a) In erster Linie gilt, dass die erarbeiteten Gestaltungsübungen Basis der Notenfindung sein müssen. Wurde zum Beispiel bei der „Weihnachten zu Hause"-Aufgabe (Projekt Nr. 3) das Mischen und Malen der sogenannten „Warmen Farbe" besprochen, erhalten die Schülerinnen und Schüler für die Bewältigung dieses Bildproblems eine Bewertung. Auch alle weiteren angeleiteten Teilschritte und -übungen werden bei der Bewertung des Bildes berücksichtigt. Das heißt: Besprochene und fest vereinbarte Bildaufgaben müssen dem Bildproblem entsprechend gelöst werden. Die gefundene Bildlösung und die Ausführung der Aufgabe ergeben die erste Note.

b) Darüber hinaus nimmt bei mir stets der Grad der Selbstständigkeit und der Kreativität bei der Findung von Bildlösungen einen hohen Stellenwert ein. Finden die Schülerinnen und Schüler zum Beispiel für das Überschneidungsproblem der „Weihnachtsgeschenke" eine andere als die besprochene Möglichkeit, das „Vorne und Hinten" von Paketen treffend darzustellen, ist das eine eigenständige, geistige Leistung, die entsprechend honoriert werden sollte. Ferner finden und erfinden die kleinen Künstler oft Hintergrunddetails oder – in diesem Beispiel auch – Baumdekorationen, die nicht in der Vorbesprechung angeregt wurden, aber dem Bild eine ganz besondere Wirkung verleihen. Gemeint ist hier, die möglichen Gestaltungsfreiräume innerhalb der festgelegten Bildaufgabe (Weihnachtsbaum zu Hause) auszuschöpfen. Natürlich muss vorher abgesprochen werden, was verbindlich und was frei gestaltbar ist.

c) Selbstverständlich ist auch die sorgfältige, ausdauernde und beendete (!) Gestaltungsausführung wichtig.

Die Summe der Einzelnoten führt schließlich zur Gesamtnote. Oft notiere ich mir aber auch drei Noten (s. o.) zu einer Bildaufgabe und hoffe, damit den einzelnen „Disziplinen" gerecht zu werden.

Kreative Freiheit

Die nachfolgenden Bildthemen sind als mögliche Bildaufgaben zu verstehen. Sie sollen Ihnen, den Kollegen (besonders denen, die fachfremd unterrichten müssen), Gestaltungsmöglichkeiten zu bestimmten Sach- und Sprachthemen sowie Kniffe zur optischen Aufwertung der Schülerarbeiten vermitteln. Es sollte sich aber keiner sklavisch an die Vorgaben halten, der eigene Ideen zur Bildgestaltung hat. Dies gilt in bestimmter Hinsicht auch für die Schülerinnen und Schüler:

Eine konkrete Bildaufgabe darf die Eigenkreativität der Kinder nicht einschränken. Wenn Kinder die Bildaufgabe bewusst und reflektiert anders lösen als vom Lehrer vorbereitet, ist das immer höherwertiger einzuschätzen als das bloße Nachahmen. Gemeint ist hier nicht, die Bildaufgabe zu verlassen und etwas anderes zu malen. Gemeint ist, innerhalb des festgesetzten Rahmenthemas und der zu lösenden Bildprobleme mögliche Freiräume auszuschöpfen. Die Schülerinnen und Schüler finden oft ganz fantastische (andere) Möglichkeiten, zum Beispiel eine Schneefigur (Projekt Nr. 2) oder eine Frühlingslandschaft (Projekt Nr. 10) darzustellen. Auch wenn das Experimentieren mit einer alternativen Lösungsidee auf Kosten der Dekorativität des Bildes geht, muss man die Kinder auf ihrem Weg zur selbstständigen Bildgestaltung unterstützen. Eigenes Nachdenken, das Ausschöpfen und Finden verschiedener Lösungen sind die Schlüssel zu Kreativität und zum sinnvollen und gewinnbringenden Kunstunterricht.

Lediglich für die schwachen Kinder sollen die Gestaltungsvorschläge eine Starthilfe darstellen und den Frust mit dem leeren Blatt nehmen. Für viele kleine Künstler führt der Weg zur eigenen gestalterischen Freiheit über das Nachahmen und Abgucken bestimmter aufgezeigter Möglichkeiten.

Es liegt dann eine Verbindlichkeit des Gestaltungsvorschlags vor, wenn bestimmte Gestaltungstechniken eingeführt und geübt werden sollen, wie zum Beispiel das Mischen einer bestimmten Farbpalette, das stufenweise Aufhellen einer Farbe, das Experimentieren mit der Überschneidungsproblematik etc. In den nachfolgenden Bildvorschlägen ist aber meist das Weiterarbeiten und Ausdifferenzieren des Bildthemas völlig frei und fordert eine entsprechende Kreativität und eigene Ideenbildung ein, ohne schwächere Künstler zu überfordern.

Ausweitung der Gestaltungsbereiche – Materialvariationen

Damit alle vorgeschlagenen Bildaufgaben mit einfachsten Mitteln für jede Klasse sofort und kostengünstig umgesetzt werden können, habe ich mich hinsichtlich des Hauptmaterials im Wesentlichen auf den Deckfarbenkasten und das herkömmliche Zeichenpapier beschränkt. Sinnvoll und erfahrungserweiternd wäre aber auch das Malen mit anderen Malmitteln und Farbträgern:

Gestalten Sie doch einmal (wenn es Ihre Ausstattungsmöglichkeiten erlauben) einen der abgedruckten Bildvorschläge mit Aquarellfarben oder -stiften, Wachsmalstiften, Fingerfarben, Malkreide, farbigem Sand, Stoff- und Seidenmalfarben etc. Fast jedes Bild eignet sich auch für andere Malwerkzeuge sowie Farbmaterialien unterschiedlicher Beschaffenheit und kann auch auf verschiedenen Untergründen aufgebracht werden (z. B. einer Stofftasche, s. Projekt Nr. 4 „Unser Dorf").

Einige Variationen zum Thema und Material finden Sie in den Differenzierungsaufgaben im Anschluss an jedes Bildthema. Diese beziehen unter anderem auch die übrigen Gestaltungsbereiche des Kunstunterrichtes und Textilgestaltungsunterrichtes der Grundschule mit ein. Besonders wertvoll werden die Differenzierungsaufgaben meiner Meinung nach dann, wenn sie als „Entdeckeraufgaben" verstanden werden. Das bedeutet, dass sich die Kinder experimentell mit einem Bild- oder einem Materialproblem auseinandersetzen sollen und unterschiedliche Lösungen oder neue Lösungswege finden müssen (z. B.: Wie färbt man Sand?).

Kunstbetrachtungen – Wie komme ich an Kunstwerke?

Im Rahmen des Kompetenzbereiches „Auseinandersetzung mit Bildern und Objekten" lässt sich eine Gestaltungsaufgabe bzw. ein Bildproblem sehr gut mit der Betrachtung interessanter Kunstwerke „alter Meister" und zeitgenössischer Künstler verbinden. Passende Werke zu den Projektthemen finden Sie im Anschluss an die Beschreibung des jeweiligen Bildaufbaus.

Aber wie kommt man an eine gute Reproduktion in einer angemessenen Größe? Neben städtischen Medienstellen und teuren Posterangeboten haben Sie folgende Möglichkeit: Schulen mit Internetzugang können über eine Suchmaschine (z. B. *www.google.de*) nach Künstlern und bestimmten Werken fahnden. Es reicht in der Regel, im Eingabefeld den Künstlernamen und / oder den Titel des Werkes anzugeben. Bei „*google*" haben Sie nun die Möglichkeit, auf den Button (= Menüauswahl-„Knopf") „Bilder" zu klicken. Es erscheint eine Auswahl an Abbildungen des gewünschten Kunstwerkes. Wählen Sie eines mit hoher Auflösung (z. B. über 1000 x 1000 Pixel) aus und lassen Sie es sich als Vollbild anzeigen. Wer über einen Farbdrucker-Anschluss und eine Druckerfolie verfügt, kann das Bild ausdrucken. (Bitte beachten Sie dabei das Urheberschutzgesetz!) Mit dieser Folie lässt sich über den Overhead-Projektor das Kunstwerk an die Klassenwand werfen.

In diesem Sinne: „An die Pinsel – fertig – los"! Viel Spaß beim Malen!

Doris Krebs

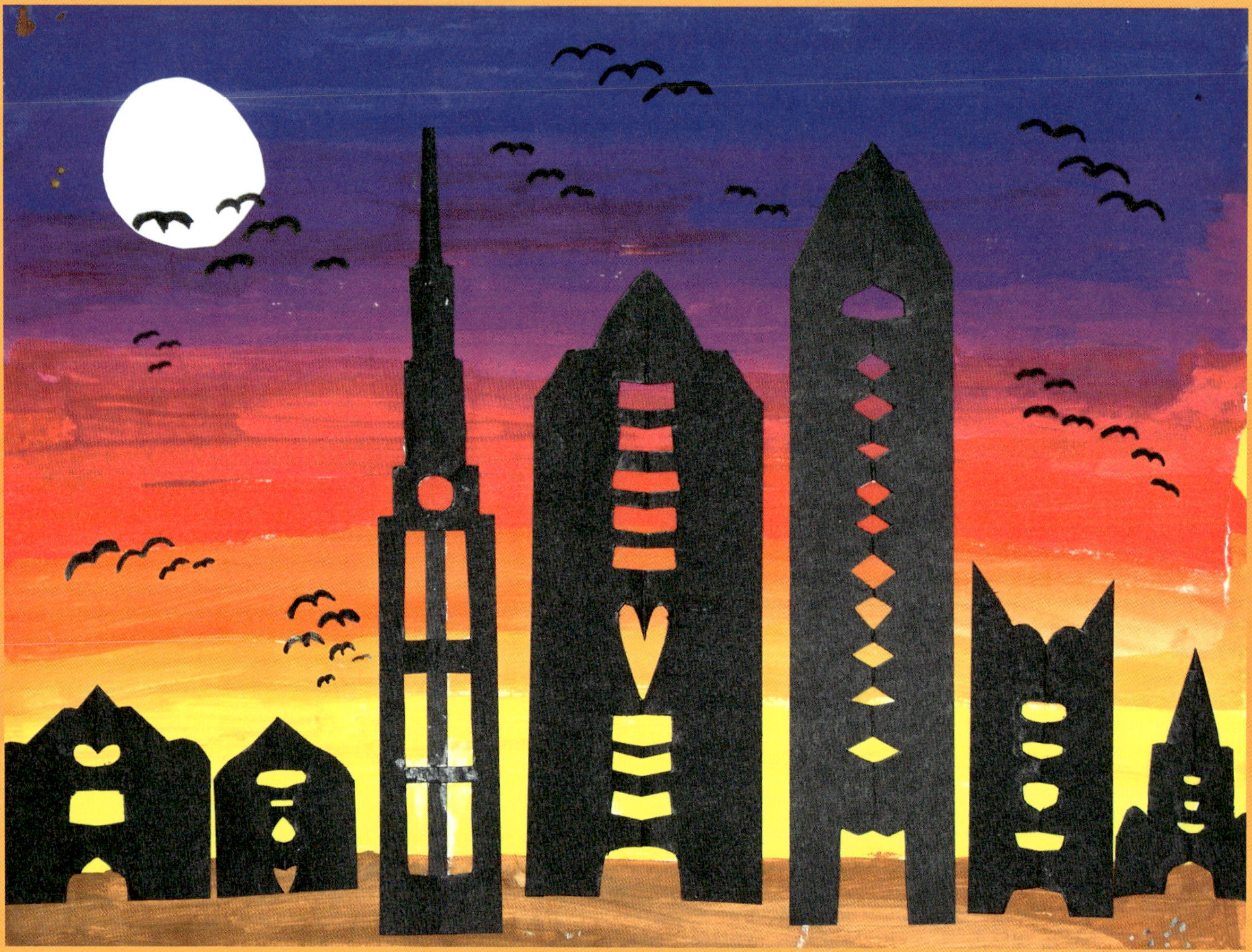

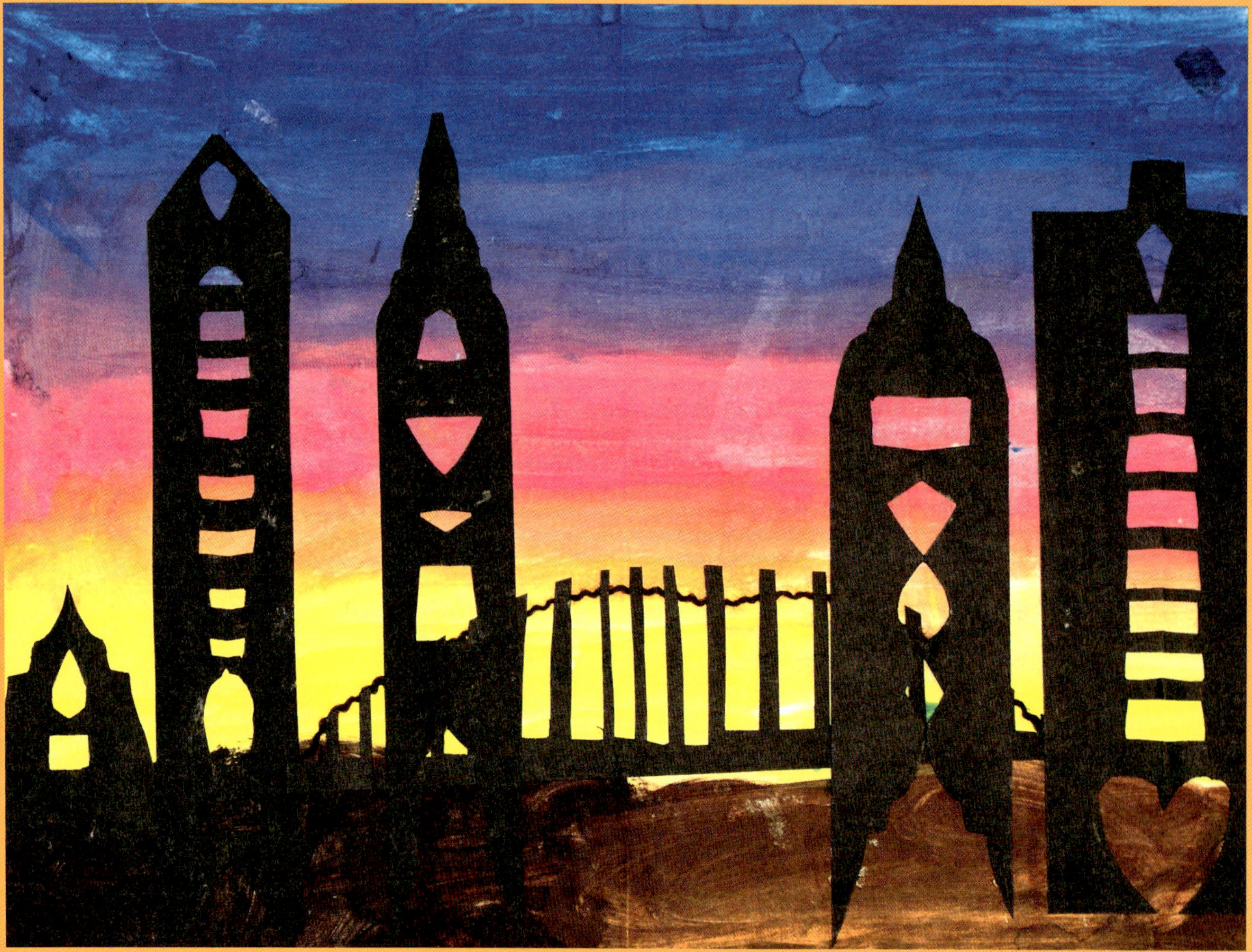

Fledermauscity

Sachunterrichts- und Deutschthemen
• Angst • Wohnstätten • Comics •Halloween

Zeit	5 – 6 Unterrichtsstunden	
Material	Deckfarben, Zeichenblock DIN A3, schwarzer Tonkarton, Schere, Klebstoff Nach Wahl: schwarzer Filzstift, feiner Pinsel	
Kompetenzen	**Experimentelles und zielgerichtetes farbiges Gestalten** • Erweitern der technischen Fertigkeiten durch deckendes Anrühren von Farben und Gestalten von fließenden Farbübergängen • Auseinandersetzen mit dem Ittenschen Farbkreis und Nutzen der Erkenntnisse für den Gestaltungsprozess (Hintergrund) • Reflektieren über Farbwirkungen **Experimentelles und zielgerichtetes grafisches Gestalten** • Gestalten von Bildzeichen aus schwarzem Tonpapier (Wolkenkratzer) • Entwickeln einer bildnerischen Ordnung (Häuser anordnen und einander zuordnen, ggf. „Vorne-Hinten" durch Überschneidung herausarbeiten) • Experimentieren mit grafischen Materialien und Techniken zur Ausgestaltung des Bildes (z. B. Wolle als lineares Material zur Brückengestaltung einsetzen)	

Einstieg

„Willkommen in Fledermauscity!" Vielleicht überkommt Sie bei der Bildbetrachtung genauso ein unheimliches Gefühl, wie manchen Kindern. Sie erinnern sich möglicherweise an Ihre Jugendzeit mit „Batman" zurück. Sollte das der Fall sein und Sie erzählen gerne Geschichten, dann legen Sie los. Lassen Sie den „Fledermausmann" wieder auferstehen und ein gefährliches Abenteuer bestehen.

Ein bei der Bildbetrachtung empfundenes „unheimliches Gefühl" können Sie aber auch zum Anlass nehmen, über „Angst" und andere Gefühle der Kinder zu sprechen. Natürlich lässt sich die Gelegenheit auch gut nutzen, um über Empfindungen und Gefühle zu sprechen, die von bestimmten Farben ausgelöst werden.

Methodische Anleitungen / Bildaufbau

1. Hintergrund

Die Kinder beginnen mit dem schaurigschönen Hintergrund. Dazu betrachten diese den (äußeren, vereinfachten) „Ittenschen Farbkreis", den wir für unsere Zwecke in ein „Farbband" umwandeln (s. S. 24). Beim dunklen Blau beginnend lesen wir rechtsherum die Primär- und Sekundärfarbfolge ab. Nachbarfarbe liegt neben Nachbarfarbe: Blau – Violett – Rot – Orange – Gelb. Das Grün lassen wir „unter den Tisch" fallen. Die genannte Farbreihenfolge (Grundfarben verbunden mit der gemeinsamen Mischfarbe) übernehmen wir für die Hintergrundgestaltung. Das Papier wird mit einem sauberen, dicken Pinsel angefeuchtet. „Nass-in-Nass" wird nun eine Farbbahn nach der anderen aufgetragen. Die Farbübergänge werden dabei mit einem sauberen, nassen Pinsel so verwischt, dass ein fließender Farbübergang entsteht. Auf diese Weise mischen sich die Tertiärfarben ganz von selbst. Das sind: Blauviolett, Rotviolett, Rotorange, Orangegelb. Schließlich werden für den Bildboden alle Farben (oder nur die drei Grundfarben: Blau, Rot, Gelb) miteinander gemischt. Dadurch entsteht die Farbe Braun.

2. Wolkenkratzer

Aus schwarzem Tonpapier erwachsen nun die Wolkenkratzer besonderer Art. Diese können sein: hoch oder niedrig, breit oder schmal, mit spitzen oder runden Dächern, mit verschiedenförmigen Fenstern, mit ein oder zwei Fenstern pro Reihe, mit runden oder spitzen Türen etc. Wichtig ist, dass sich jedes Element von denen der anderen Häuser unterscheidet. Das heißt, dass jedes Haus zum Beispiel ein anderes Dach haben muss.

3. Anordnung der Motive

Nun werden die exklusiven Hochhäuser auf dem Hintergrundblatt angeordnet. Das kann nebeneinander (wie auf der Abbildung zu sehen) geschehen. Die Verteilung kann aber auch mit Überschneidungen und auf verschiedenen Standhöhen „komponiert" werden. Diese Variante verleiht dem Bild mehr räumliche Tiefe.

4. Ausgestaltung

Am Ende gestaltet jeder Künstler sein Bild mit kleinen Bildelementen aus: Ein weißer Papiermond, Vögel, Menschen, Bäume etc. Verwendet wird dabei entweder ein dicker Filzstift oder schwarze Deckfarbe auf einem feinen Pinsel. Diese Kunstwerke wirken als Bildergruppe (auf Passepartouts) traumhaft schön. Sie werden sehen!

Zusätzliche Aufgaben für schnell arbeitende Schülerinnen und Schüler

Sollten Sie dieses Bildthema in einer dunklen Jahreszeit gewählt haben, bieten sich kleine Tischleuchten als Zusatzaufgabe an. Dazu gestalten die Kinder vier bis sechs Häuserfassaden aus Tonpapier – ähnlich denen auf dem Bild. Die Fensteröffnungen werden mit Transparentpapier hinterklebt. Die Häuser können dann zum Beispiel mit Tesafilm miteinander verbunden werden. Teelicht hineinstellen – fertig! (Kompetenzbereich „Räumliches Gestalten")

Kunstbetrachtung

Im Zusammenhang mit dem Thema „Angst" bietet sich zur Betrachtung ein Klassiker an: „Der Schrei" von Edvard Munch. Munch setzt neben farbigen Mitteln vor allem grafische Mittel ein, um ein Gefühl von Entsetzen / Angst / Verzweiflung bildnerisch auszudrücken. In der Zeit von 1893–1910 malte Munch verschiedene Fassungen des Motivs, dass bei Verkäufen Rekordsummen erzielt. „An der Schwelle der Ewigkeit" (1890) von Vincent van Gogh lässt viel Spielraum zur Interpretation menschlicher Gefühle anhand der Körperhaltung (Kompetenzbereich „Auseinandersetzung mit Bildern und Objekten").

Ideenkiste für den fächerübergreifenden Unterricht: „Rund um das Angstgefühl"

Deutsch:

1. „Das Angstplakat" – „Davor habe ich Angst", Angstszenen malen und beschreiben
2. „Das Mutplakat" – „Das mache ich, wenn ich Angst habe", konkrete Lösungsszenen malen und beschreiben (z. B. nachts Licht anschalten, unbekannte Geräusche aufklären, zu zweit sein, mit den Eltern über die Angst sprechen, zu seiner Angst stehen und sie nicht überspielen, manchmal auch Angst aushalten und Angstsituationen nicht ausweichen, sondern durchstehen etc.)
3. Angst- / Traumgeschichten aufschreiben (z. B. Gespenstergeschichte)
4. Formulierungen für den Höhepunkt einer Angstgeschichte sammeln (z. B. „mit zitternder Stimme", „schlotternde Knie", „ein kalter Schauer läuft über den Rücken" etc.)
5. Wortfeld „Geräusche"
6. Angstgeschichten spielen und gemeinsam eine Lösung suchen und darstellen
7. „Klecksungeheuer" gestalten und dazu eine Geschichte

 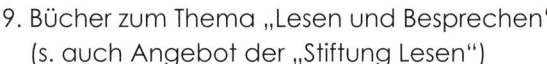 

erfinden (z. B. über „Bösebert von Schaurighausen")
8. Gemeinsame Bücherausstellung organisieren
9. Bücher zum Thema „Lesen und Besprechen" (s. auch Angebot der „Stiftung Lesen")
10. Gedicht „Hundertzwei Gespensterchen" von James Krüss sprechgestaltend vortragen, spielen und interessant gestaltet abschreiben (z. B. könnten die einzelnen Strophen in kleine Gespensterzeichnungen hineingeschrieben werden)
11. Klassenlektüren: „Zusammen sind wir stark" von Ch. Zeuch, Arena Verlag GmbH (1. / 2. Schuljahr); „Der kleine Vampir zieht um" von A. Sommer-Bodenburg, Rowohlt Taschenbuch Verlag (1. / 2. Schuljahr); „Die kleine Eule" … hat Angst vor der Dunkelheit, von J. Tomlinson, Ravensburger AG (3. Schuljahr); „Du hast aber Mut" von B. Blobel, Arena Verlag GmbH (4. Schuljahr)

Sachunterricht:

1. Welche Gefühle gibt es? Welche Gefühle kenne ich? (Freude, Wut, Liebe, Angst, Eifersucht, Neid, Hass etc.)
2. Welche Gefühle sind schön, welche unangenehm?
3. Wie zeige ich meine Gefühle? Wie erkenne ich sie bei anderen? (Verschiedene Gefühle können zum Beispiel pantomimisch vorgespielt und erraten werden.)
4. Wie fühlt sich Angst an? In welchen Situationen habe ich (haben andere) Angst?
5. Wie kann ich mich in Angstsituationen verhalten? (s. auch „Sprache", S. 10) (Mutmachspiel)

Musik:

1. Angstgeschichten vertonen
2. Schaurige Geräusche finden (mittels alltäglicher Materialien, Orff-Instrumenten, Körperinstrumenten etc.)
3. Schattenspiele
4. „Hundertzwei Gespensterchen", Lied zum Gedicht (Melodie: „Zehn kleine Negerlein")
5. „Das Lied von der Angst" von T. Tahmassebi-Hack, Text und Noten dazu unter *http://www.zauberkuerbis.de/docs/angstlied.pdf* „Du hast Angst", Th. Baake u. a. *www.youtube.de* (CD: „Schnabbeldibabbeldibau", *www.thommiskinderkiste.de*)

Buchtipps:

„Da wird die Angst ganz klein: Mutmachgeschichten", E. Bräunling, Lahn Verlag, 1998
„,Hast du Angst?', fragt die Maus", R. Schami / K. Schärer, Verlagsgruppe Beltz, 2013
„Kleine Helden – großer Mut", A. Bartram / J.-U. Rogge, Rowohlt Taschenbuch Verlag, 2006

Fremdsprachlicher Unterricht:

1. Lied: „One little, two little … crying ghosts" (in Anlehnung an das Lied „Ten little Indians")
2. Lied: „If you're happy …" (anxious)
3. Spielvers „I am frightened" (s. o.)
   Spiel dazu: Zwei Kinder stellen das Gesprochene dar. Zum Schluss können sich alle gemeinsam ausdenken, wer oder was der vermeintliche Geist war (eine wehende Gardine (curtain), eine Katze (cat), der kleine Bruder (little brother) etc.)
   Der Text könnte auch abgeschrieben und illustriert werden. Jedes Kind malt seine „Geister"-Auflösung unter den Text.

I am frightened

Once there was a little ghost,
suddenly appearing in my room.
Frightened I jumped into my bed
waiting for a noisy „boom".
But nothing happened – I dared a look.
And what I saw behind the book
was not a ghost, it was a …

(D. Krebs / J. Stapels)

Schneemann Hermann

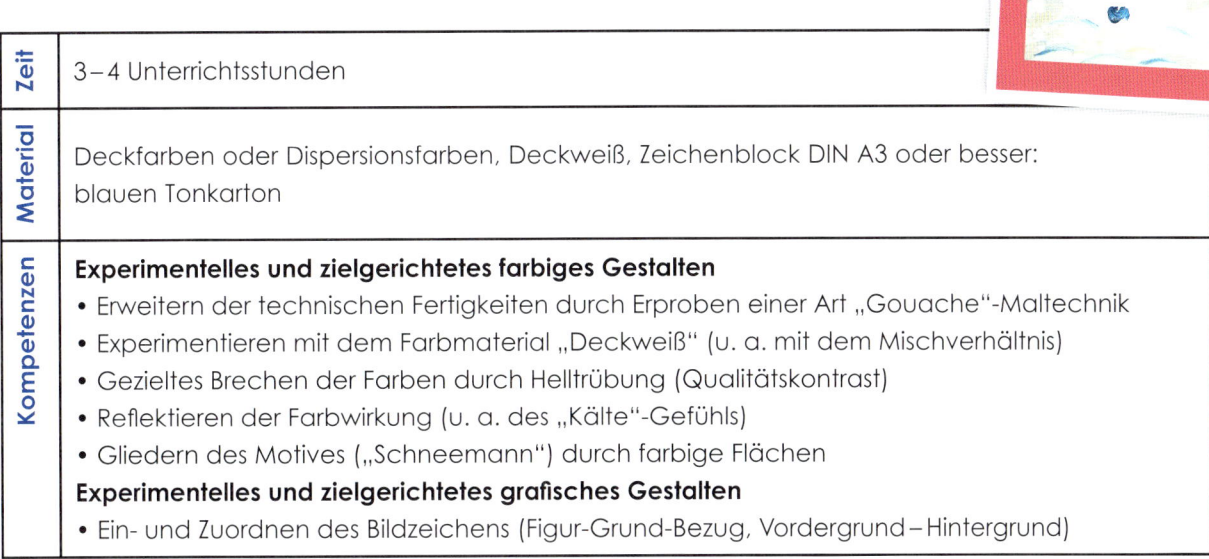

Zeit	3–4 Unterrichtsstunden
Material	Deckfarben oder Dispersionsfarben, Deckweiß, Zeichenblock DIN A3 oder besser: blauen Tonkarton
Kompetenzen	**Experimentelles und zielgerichtetes farbiges Gestalten** • Erweitern der technischen Fertigkeiten durch Erproben einer Art „Gouache"-Maltechnik • Experimentieren mit dem Farbmaterial „Deckweiß" (u. a. mit dem Mischverhältnis) • Gezieltes Brechen der Farben durch Helltrübung (Qualitätskontrast) • Reflektieren der Farbwirkung (u. a. des „Kälte"-Gefühls) • Gliedern des Motives („Schneemann") durch farbige Flächen **Experimentelles und zielgerichtetes grafisches Gestalten** • Ein- und Zuordnen des Bildzeichens (Figur-Grund-Bezug, Vordergrund–Hintergrund)

Einstieg

„Der Schneeman auf der Straße trägt einen weißen Rock, hat eine rote Nase und einen dicken Stock. Er rührt sich nicht vom Flecke, auch wenn es stürmt und schneit. Stumm steht er in der Ecke zur kalten Winterszeit. Doch tropft es von den Dächern im ersten Sonnenschein, da fängt er an zu laufen, und niemand holt ihn ein." (Gedicht von Robert Reinick)

Koppeln Sie doch einmal eine Kunststunde unmittelbar an eine Deutschstunde. Diesem Bild könnte eine Gedicht- und Dichterstunde vorausgehen. Die Kinder schwelgen geistig schon im Winterschnee und sind dadurch schon bestens auf das Malen eingestimmt. Natürlich könnte auch ein „Winterrätsel" ein Einstieg in das Bildthema sein („Wer steht im Garten und weint, sobald im Winter die Sonne scheint?").

Ein unmittelbar vorausgegangenes Schneeerlebnis auf dem Schulhof wäre natürlich der perfekte Malanlass.

Unbedingt sollte aber ein Gespräch über die kindlichen Erfahrungen zum Bauen von Schneemännern (oder Schneefrauen) in den Einstieg integriert werden. Was gehört zu einem Schneemann? Wie wird ein Schneemann gebaut? Was könnte ein besonderer Schneemann noch an exklusiven Details haben? Wer hat schon einmal einen Schneehasen oder Ähnliches gebaut?

Methodische Anleitungen / Bildaufbau

1. Hintergrund

Auch bei diesem Bild starten die kleinen Künstler mit dem Hintergrund. Mit dem vorliegenden Bildthema (das der Gouachemalerei sehr nahe kommt) bietet es sich an, einmal das deckende Malen zu üben. Das heißt, die Kinder müssen die Farben so anrühren und auftragen, dass sie abdeckend wirken. Um die Kinder zum deckenden Malen zu „zwingen", empfehle ich ein getöntes Malpapier (farbigen Tonkarton). Dieser kann nur übermalt und bemalt werden, wenn die Schüler die Farben „satt" anrühren und dick auftragen. Schließlich soll nach dem Bemalen nichts mehr vom Hintergrundpapier zu sehen sein. Eine Farbe wird besonders deckend, wenn ihr noch etwas Deckweiß beigemischt wird. Diese Erfahrung ist sehr interessant. Zudem ist es für die Kinder ein herrliches Mal- (und Matsch-)Erlebnis, mit cremigen Deckweißmischungen zu malen. Dem Bildthema verleiht die Beimischung von Weiß einen kalten, trüben Eindruck. Und genau dieses „kalte" Gefühl sollte auch ein „Winterbild" beim Betrachter „rüberbringen". Gemalt wird mit den sogenannten „Kalten Farben": Blau, Violett, Blaugrün. Für den Hintergrund reicht etwas Violett (mit einem Hauch Weiß) und ein kräftiges Blau. Auf diese Weise erzielen wir einen schönen dunklen Hintergrund als besten Kontrast zu unserem Motiv, das wir ja in den Blickmittelpunkt rücken wollen.

Das Blau erhält erst nur einen Hauch Weiß und wird bis zum Bildboden so mit Deckweiß aufgehellt, dass Blau nur noch als Nuance wahrnehmbar ist. Eine schwierige Aufgabe. Es hilft aber ein einfacher Trick: Blau sollte nur ein einziges Mal mit dem Pinsel angerührt werden. Danach darf dann nur noch Weiß auf den Pinsel aufgenommen werden. Die Restmenge Blau reicht in der Regel bis zum Bildboden aus.
Trocknen lassen!

2. Schneemann

Einen Schneemann malen auch schon die allerkleinsten Kinder ohne Anleitung. Es muss aber nicht zwingend ein Schneemann gemalt werden. Alles ist (weitgehend) erlaubt: Schneefrau, Schneehase, Schneekatze, Schneedinosaurier … Wichtig ist, dass im Anschluss das gewählte Motiv gut ausdifferenziert wird. Acht bis zehn Accessoires sollte die Schneefigur von seinem Erfinder schon zur Zierde erhalten. Das können natürlich der klassische Besen und die Möhre sein. Erlaubt ist aber alles, was das Motiv interessant macht. Alle Details werden farbig gemalt und erhalten (nach Wunsch) einen Hauch Deckweiß. Leistungsstärkere Kinder können noch einen Farbschimmer in alle Motivteile malen, indem sie einen dunkleren Farbton einpinseln. So kann der Tannenbaum noch etwas Dunkelgrün auf die Spitzen bekommen, der Hut noch etwas Dunkelrosa etc. Dunklere Farbtöne erhält man unter anderem durch Beimischen von Braun.

3. Ausgestaltung

Ordnung muss sein. Und so darf bei Kindern in der Regel der Mond (oder die Sonne) nicht fehlen. Diese kann man aber auch weglassen und dafür etwas anderes in den Hintergrund zaubern: Vögel, kleine Bäume, kahle Äste … Ist der Winter nicht herrlich? Wer redet jetzt noch vom Sommer? Nach Abschluss dieser Kunsteinheit könnten Sie noch wunderbar Bildbetrachtungen von Werken großer „Meister" anschließen (s. u. „Kunstbetrachtung"). **Tipp:** Gedicht „Ich male mir den Winter" aus: Josef Guggenmos, Groß ist die Welt, Beltz & Gelberg in der Verlagsgruppe Beltz, Weinheim & Basel

 Zusätzliche Aufgaben für schnell arbeitende Schülerinnen und Schüler

1. Sicher kennen Sie das Gedicht „Ich male mir den Winter" von Josef Guggenmos. Lassen Sie ihre schnellen Kinder doch einmal ohne Vorgaben ein Wintergedicht in Farben übersetzen. Ohne die Meinung der anderen gehört zu haben, muss man ganz in sich hineinschauen, um eine Vorstellung zum Gelesenen zu erhalten. Erst einmal nicht leicht. Man verlässt sich ja auch gerne auf die Lehrkraft, die einem hilft, etwas auf das Papier zu bekommen. Hat man aber einmal mit Malen angefangen, macht es ungeheuer viel Spaß und hat eine befreiende Wirkung. Natürlich muss dabei die Lehrkraft auch ganz „impressionistische" Bilder zulassen, die vielleicht nur aus weißer Farbe und etwas „mehr" bestehen. Ich verspreche Ihnen aber sehr spannende Ergebnisse. Manchmal sieht man seine Schülerinnen und Schüler dabei aus einer ganz anderen Perspektive.
   Das abgedruckte Bildbeispiel zeigt, wie ein anschließend abgeschriebenes 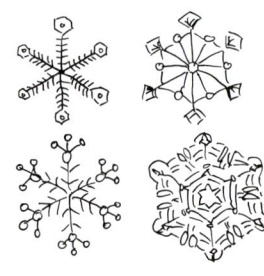 Gedicht auf einem solchen „Schmuckblatt" aussehen kann. Wie wäre es einmal mit einer etwas anderen Gedichtesammlung an der Klassenwand (Kompetenzbereiche „Farbiges Gestalten", „Grafisches Gestalten")?
2. Schneekristalle sind wahre Kunstwerke der Natur. Sie zu untersuchen und nachzugestalten ist ein winterlicher Kunstklassiker. Neben der Faltsterntechnik aus weißem Papier finde ich auch grafische Lösungen mit einem schwarzen Filzstift sehr reizvoll (Kompetenzbereich „Grafisches Gestalten").

 Kunstbetrachtung

Im Anschluss an diese Einheit bieten sich alle Klassiker zur Betrachtung an, die durch ihre Farbwahl eine kalte, winterliche Stimmung beim Betrachter auslösen. Mögliche Werke können sein: „Winterlandschaft" (1630) von Hendrik Avercamp, „Über Witebsk" (1915 / 20) von Marc Chagall oder „Das Eismeer" (1824) von Caspar David Friedrich (Kompetenzbereich „Auseinandersetzung mit Bildern und Objekten").

BVK PA03 • Doris Krebs: Kunstprojekte zur Klassenraumgestaltung, Band II: Winter und Frühling

Ich male mir den Winter

Ich male ein Bild,
ein schönes Bild, ich male mir den Winter.
Weiß ist das Land,
schwarz ist der Baum,
grau ist der Himmel dahinter.

Sonst ist da nichts,
da ist nirgends was,
da ist weit und breit nichts zu sehen.
Nur auf dem Baum,
auf dem schwarzen Baum
hocken zwei schwarze Krähen.

Aber die Krähen,
was tun die zwei,
was tun die zwei auf den Zweigen?
Sie sitzen dort
und fliegen nicht fort.
Sie frieren nur und schweigen.

Wer mein Bild besieht,
wie's da Winter ist,
wird den Winter durch
und durch spüren.
Der zieht einen dicken Pullover an
vor lauter Zittern und Frieren.

Josef Guggenmos

Ideenkiste für den fächerübergreifenden Unterricht: „Rund um den Winter"

Deutsch:

1. Vorgangsbeschreibung „Schneemann bauen" aufschreiben
2. „Überall Schnee": Winterspaß – Winterärger, Vor- und Nachteile diskutieren
3. Bauernregeln rund um das Winterwetter sammeln, lesen, erklären („Ist's zur Weihnacht warm und lind, kommt zu Ostern Schnee und Wind")
4. Klassenliteratur: „Es klopft bei Wanja in der Nacht" von T. Michels und R. Michl, Deutscher Jugendliteraturpreis (ellermann im Dressler Verlag, 1./2. Schuljahr)

Sachunterricht:

1. „Warum wird es Winter?" (Erdumlauf um die Sonne)
2. „Wie entsteht Schnee?" (Niederschlagsformen unterscheiden)
3. „Gibt es unterschiedlichen Schnee?" (Ja! zum Beispiel: pappig (0 Grad), knirschend (-5 Grad), locker (-10 Grad))
4. Wie sieht ein Schneekristall aus? (s. auch „Zusätzliche Aufgaben", S. 14)
5. Wo finden wir das „Ewige Eis" (Gletscher in Europa, Polargebiete)?
6. Was machen die Tiere, wenn es schneit? (Tiere im Winter, Spuren im Schnee)

Fremdsprachlicher Unterricht:

1. Rätsel: „What's that?
   It is white.   (weiß)
   It is light.   (leicht)
   It is soft.   (weich)
   And it is wet.   (nass)
   Do you know?
   That is snow!"
   (D. Krebs)
2. Gedicht:
   „My snowman is so white and cold,
   his broom is brown, his hat is old,
   his nose is red, his eyes are black,
   his belly is round, his name is Mac."
   (broom = Besen, belly = Bauch)
   (D. Krebs)
3. Lied: „Here comes the snow"
4. Lied: „Freezy, our jolly snowman"

Musik:

1. „Paul Pulverschnee, der Schneemann" – Spiellied von R. Krenzer/D. Jöcker (aus: „Lieber Herbst und lieber Winter", Menschenkinder Verlag, Münster)
2. „Wir bauen einen Schneemann" (aus: „Und weiter geht's im Sauseschritt", Menschenkinder Verlag, Münster)
3. „Es schneit" von R. Zuckowski (aus: „Winterkinder", Deutsche Grammophon GmbH, Hamburg)
4. „A, a, a, der Winter, der ist da!", volkstümlich

Weihnachten zu Hause

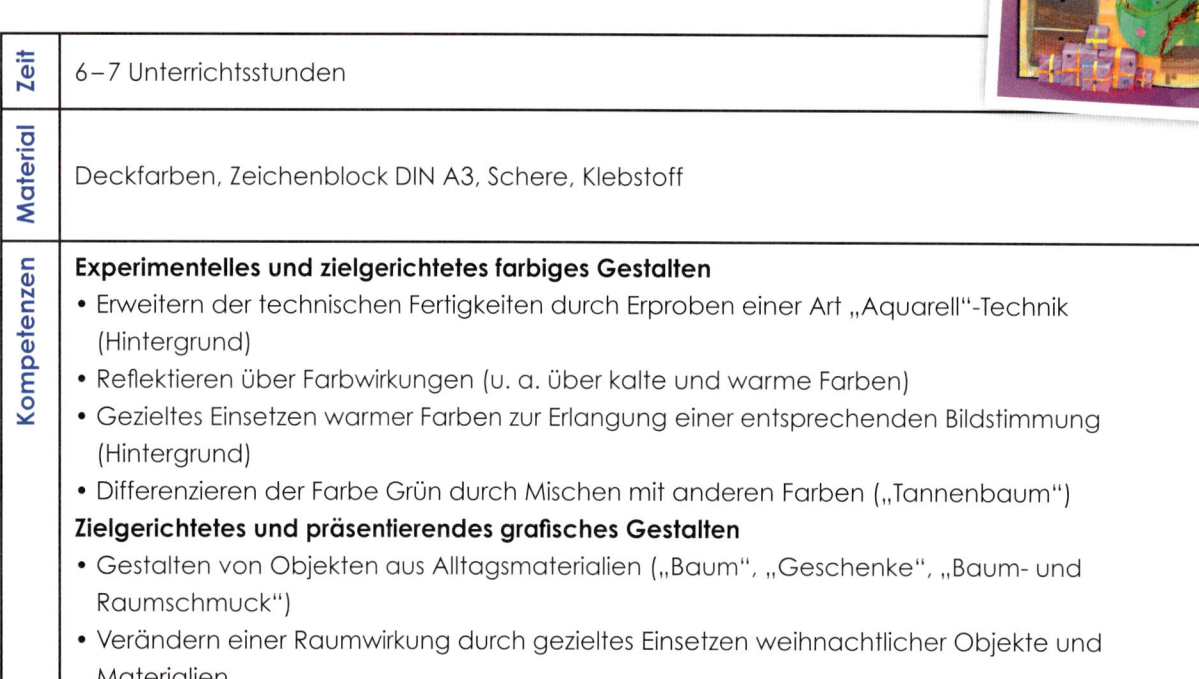

Sachunterrichts- und Deutschthemen
• Weihnachten • Winter • Schenken
• Konsumverhalten (i. w. S.)

Zeit	6 – 7 Unterrichtsstunden
Material	Deckfarben, Zeichenblock DIN A3, Schere, Klebstoff
Kompetenzen	**Experimentelles und zielgerichtetes farbiges Gestalten** • Erweitern der technischen Fertigkeiten durch Erproben einer Art „Aquarell"-Technik (Hintergrund) • Reflektieren über Farbwirkungen (u. a. über kalte und warme Farben) • Gezieltes Einsetzen warmer Farben zur Erlangung einer entsprechenden Bildstimmung (Hintergrund) • Differenzieren der Farbe Grün durch Mischen mit anderen Farben („Tannenbaum") **Zielgerichtetes und präsentierendes grafisches Gestalten** • Gestalten von Objekten aus Alltagsmaterialien („Baum", „Geschenke", „Baum- und Raumschmuck") • Verändern einer Raumwirkung durch gezieltes Einsetzen weihnachtlicher Objekte und Materialien

Einstieg

„O Tannenbaum, o Tannenbaum …!" Welches Lied könnte in der Weihnachtszeit besser die Aufmerksamkeit auf eines der wichtigsten Beiwerke unseres heiligen Festes lenken als dieses? Im folgenden Bildthema soll es um diesen wichtigen Baum gehen: Der Weihnachtsbaum wird als Hauptmotiv wirkungsvoll in Szene gesetzt.

Methodische Anleitungen / Bildaufbau

1. Hintergrund

Die Kinder beginnen mit dem Hintergrund. Weihnachten ist es in der „guten Stube" warm und gemütlich. Kerzen und vielleicht auch ein Kamin brennen. Warme Speisen und Getränke, sanfte Musik und weihnachtliche Düfte versüßen die Atmosphäre. Diese Stimmung soll im Bild ausgedrückt werden. In der Malerei übernehmen das die Farben. Farben können Gefühle auslösen. Die Kinder sollen sich dessen bewusst werden und die Erkenntnisse gezielt in ihrem Bild anwenden.

Wärme und Behaglichkeit vermitteln die sogenannten „Warmen Farben": Rot, Orange, Gelb. Diese werden frei auf das Hintergrundpapier aufgetragen. Damit die Farbübergänge untereinander weich verlaufen, wird das Blatt vorher angefeuchtet (mit Pinsel oder Schwamm).

Je nach Wunsch und Alter der Kinder kann das Weihnachtszimmer weiter ausgestaltet werden. Ein Fenster, eine Kommode, eine Tür etc. können ergänzt werden. Am leichtesten ist es, wenn diese Accessoires separat gemalt und nach dem Trocknen ausgeschnitten und aufgeklebt werden.

2. Weihnachtsbaum

Der Weihnachtsbaum wird nun auf einem weiteren Blatt entweder als flacher Baum oder als dreidimensionales Motiv gestaltet. Wichtig ist, dass die kleinen Künstler ihre gesamte Grünpalette zum Einsatz bringen. Das bedeutet Mischen, Mischen …! Fast alle Kinder in der Grundschule wissen, wie Grün gemischt wird. Blau und Gelb ergeben je nach Mischverhältnis Grüntöne zwischen Blaugrün und Gelbgrün. Darüber hinaus soll aber auch ein Braungrün ermischt werden. Natürlich dürfen auch die im Farbkasten vorhandenen Grüntöne verwendet und verändert werden.

Die Bandbreite der Möglichkeiten ist groß. Probieren Sie doch einmal aus, wie viele Grüntöne entstehen, wenn jedes Kind in einer Experimentierphase nur ein „persönliches" Grün mischt. Die Kinder werden auf jeden Fall staunen.

3. Baumschmuck
Natürlich wird jeder „ordentliche" Weihnachtsbaum geschmückt. In einem Unterrichtsgespräch erfahren Sie viel über die unterschiedlichen und zahlreichen häuslichen Varianten zum Baumschmuck und holen sich für das Bildthema (und den eigenen Baumschmuck!) wertvolle Anregungen. Kreativer „König" ist der, der über die erfahrenen Möglichkeiten hinaus einen interessanten, ungewöhnlichen Baumschmuck kreiert und auf dem Papier gestaltet.

4. Ausgestaltung / Geschenke
Schließlich sollten die Geschenke nicht fehlen. Hier könnte man kleine Papierschachteln aus selbstgefärbtem und gestaltetem Papier falten. Aber auch einfache flache Quadrate können den Bildvordergrund zieren.

Z Zusätzliche Aufgaben für schnell arbeitende Schülerinnen und Schüler
Neben den vielen Ihnen vertrauten Möglichkeiten der Weihnachtsbastelei bieten sich zum Bildthema „Weihnachtsbaum" besonders zwei Möglichkeiten an:
1. Nachdem die Kinder ihren Baum so toll geschmückt haben, sollte der gezeichnete Traum auch Wirklichkeit werden. Je nach Kreativität können kleine Salzteiganhänger, Goldfolienengel, Glitzerketten, Walnusskrippen etc. entstehen. Diese zieren dann den großen Gemeinschaftstannenbaum in der Klasse (Tannengrün, großer Tonpapier-Tannenbaum oder Ähnliches) (Kompetenzbereich „Räumliches Gestalten").

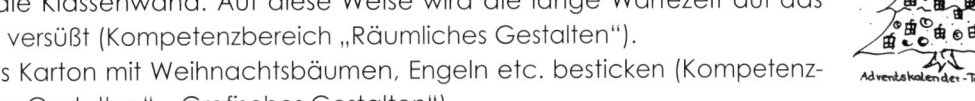

2. Haben die Kinder einmal die Falttechnik für die kleinen Geschenke verstanden, können Sie daran anknüpfen und mehr aus der Schachteltechnik machen. Entweder entstehen kleine und große Geschenkschachteln für Weihnachten oder ...
3. ... alle zusammen gestalten aus vielen Schachteln einen Adventskalender für die Klasse. Die kleinen Päckchen könnten zu Hause für ein anderes (blind gezogenes) Kind gefüllt werden (s. S. 20). Alle zusammen werden auf einen ähnlich wie auf dem Bild gestalteten Riesenpapiertannenbaum aufgeklebt und zieren als Gemeinschaftsarbeit die Klassenwand. Auf diese Weise wird die lange Wartezeit auf das Heilige Fest toll versüßt (Kompetenzbereich „Räumliches Gestalten").

Adventskalender-Tannenbaum

4. Grußkarten aus Karton mit Weihnachtsbäumen, Engeln etc. besticken (Kompetenzbereich „Textiles Gestalten", „Grafisches Gestalten").

   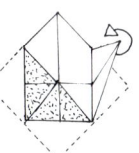 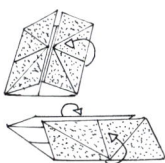  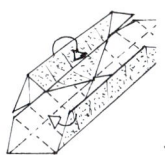 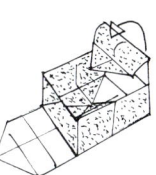

👓 Kunstbetrachtung
Caspar David Friedrich liefert mit seinem Bild „Der Abend" (um 1820) ein Meisterwerk zum Thema stimmungsvolle Gründifferenzierung bei Nadelbaummotiven. Interessant ist, und sollte daher auch Augenmerk sein, die völlig andere Bildstimmung im Vergleich zur gezielt eingesetzten warmen Farbwirkung auf unserem „Weihnachtsbaum"-Bild.
Eine weiterführende Bildbetrachtung rund um das Thema „warme (/kalte) Farben" lässt sich mit dem Klassiker „Café-Terrasse am Abend" (1888) von Vincent van Gogh durchführen (Kompetenzbereich „Auseinandersetzung mit Bildern und Objekten").

Ideenkiste für den fächerübergreifenden Unterricht:
„Rund um Weihnachten und Tannenbaum"

Deutsch:

1. Bilderbuch „Der allerkleinste Tannenbaum" von M. Kasuya, Friedrich Wittig Verlag, Hamburg szenisch und musikalisch umsetzen (s. Musik)
2. Fantasiegeschichte schreiben (z. B. „Der kleine Tannenbaum, den keiner haben will", „Ein Weihnachtsstern geht auf die Reise" etc.)
3. Bastelanleitungen (Vorgangsbeschreibung) schreiben (z. B. „Kerzengießen", „Duftkugeln aus Orangen und Nelken", „Geschenk-anhänger", „Tischleuchte", „Pfeffer-kuchenhaus", „Faltstern", „Lichterkarussell")
4. Wunschzettel aufschreiben (Wünsche, die man nicht kaufen kann)
5. Gute Wünsche / „Was ich an dir mag" / Freundschaftsbriefe für einen Klassenadvents-kalender (s. u.)
6. Klassenlektüre: „Hilfe, die Herdmanns kommen" von B. Robinson, (Verlag Friedrich Oetinger GmbH, 3. / 4. Schuljahr) oder „Es klopft bei Wanja in der Nacht" von T. Michels / R. Michl, Deutscher Jugendbuchpreis (ellermann im Dressler Verlag, 1. / 2. Schuljahr)

Sachunterricht:

1. Gibt es verschiedene Weihnachtsbäume? (Laub- und Nadelbäume, verschiedene Nadelbäume)
2. Woraus besteht ein Nadelbaum? (Stamm, Ast, Nadel, Frucht etc.)
3. Woher kommt der Tannenbaum-Brauch? (u. a. Symbolkraft des Tannenbaums)

4. Was bedeutet mir unser Tannenbaum zu Hause (Bräuche zu Hause)
5. Welche Sitten, Bräuche und Symbole gibt es in anderen Ländern?
6. Worauf muss ich achten, damit keine Gefahren vom Tannenbaum ausgehen? (Sicherheit rund um den Tannenbaum, zum Beispiel mit brennenden Kerzen)

Fremdsprachlicher Unterricht:

1. „Frohe Weihnachten": Merry Christmas (englisch), Joyeux Noel (französisch), Chestita Koleda (bulgarisch), Prettige Kerstdagen (niederländisch), God Jul (schwedisch), Buon Natale (italienisch), Feliz Navidad (spanisch), Sretan Bozic (kroa-tisch), Srozhdestvom Kristovym (ukrainisch), Glœdelig Jul (dänisch), Veselé Vánoce (tschechisch), Hyvaa joulua (finnisch)
2. „Feliz Navidad" von Jose Feliciano / V. Rosin (aus: „Hejo Weihnachtsmann", Moon Records Verlag, Düsseldorf)
3. Englische Weihnachtslieder: „We wish you a Merry Christmas", „I hear them", „Jingle Bells"

Musik:

1. „O Tannenbaum"
2. „Weihnachten ist nicht mehr weit" von D. Jöcker / R. Krenzer (aus: „Weihnachten ist nicht mehr weit", Menschenkinder Verlag, Münster) … und all die anderen schönen Weihnachtslieder!

Der ganz andere Adventskalender:

Jedes Kind zieht den Namen eines Klassenkameraden und schreibt für diesen einen „Weihnachtsbrief". Darin kann zum Beispiel stehen, was man besonders gern an seinem Klassenkameraden hat oder besonders an ihm schätzt. Natürlich dürfen auch gute Wünsche enthalten sein. Nach Absprache in der Klasse kann man auch einen „Zeit"-Gutschein für einen gemeinsamen, schönen Nachmittag beilegen. Lassen Sie sich überraschen, wie gut das klappt und wie alle Kinder gewissenhaft ihren Gutschein auch bei Mitschülern, mit denen sie sonst nicht spielen, einlösen.

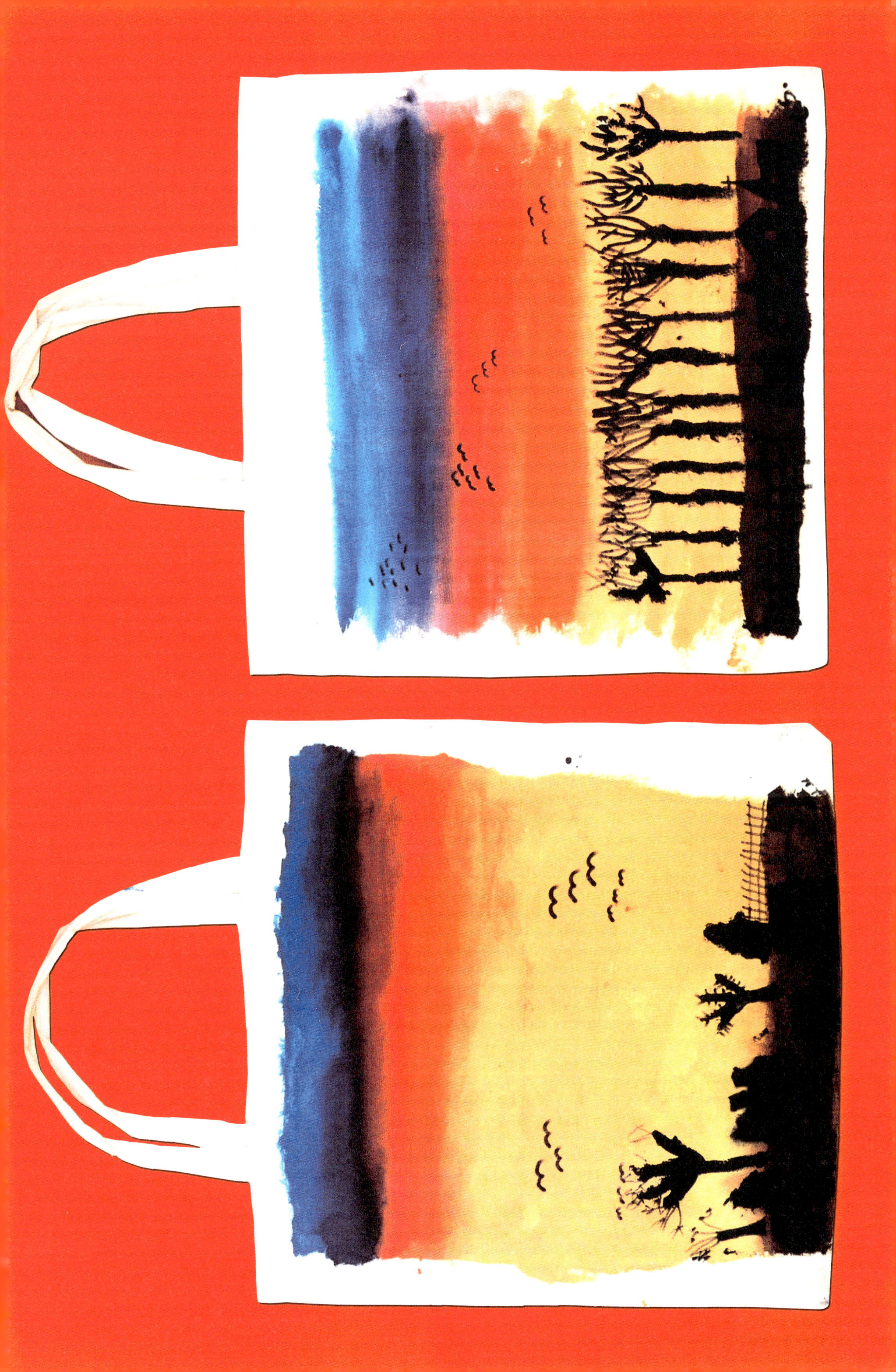

Unser Dorf

Zeit	3 – 4 Unterrichtsstunden
Material	Deckfarben, Zeichenblock DIN A3, dicke und dünne Pinsel Nach Wahl: Schwamm, schwarzer Filzstift, Küchenpapier Als Tasche: Baumwolltasche, Stoffmalfarben, schwarzer Stoffmalstift
Kompetenzen	**Experimentelles und zielgerichtetes farbiges Gestalten** • Erweitern der technischen Fertigkeiten durch Erproben einer Art „Aquarell"-Technik (Hintergrund mit fließenden Farbübergängen) • Auseinandersetzen mit dem Ittenschen Farbkreis und Nutzen der Erkenntnisse für den Gestaltungsprozess • Reflektieren über Farbwirkungen und Farbkontraste (u. a. Quantitätskontrast (Gelb vs. restliche Farben), Hell-Dunkel-Kontrast) **Zielgerichtetes grafisches Gestalten** • Gestaltung von Bildzeichen („Häuser", „Pflanzen", „Dorfelemente") • Entwickeln einer bildnerischen Ordnung (u. a. Größenkontrast, Vorne-Hinten) • Einordnen und Zuordnen der Bildzeichen (z. B. durch Gruppieren der Wohneinheiten)

Einstieg

Dass man die Bildmotive nicht nur auf Papier malen, sondern auch prima „umfunktionieren" kann, sehen Sie an diesem Beispiel. Hier haben wir die Bildaufgabe mit Stoffmalfarben auf eine Jutetasche aufgemalt und zu Weihnachten den Eltern geschenkt.

Das Thema stellt eine von mehreren Varianten dar, den Ittenschen Farbkreis für die Farbabfolge des Hintergrundes zu nutzen. Das Bildthema bietet einen weiteren Gesprächsanlass zum Farbkreis und vermittelt Erkenntnisse zu den Nachbarfarben. Die drei Grundfarben Rot, Gelb und Blau stellen das Gerüst des Ittenschen Farbkreises dar. Dieser wird durch die jeweiligen Mischfarben Orange, Grün und Violett erweitert. Der so entstandene Sechs-Farben-Kreis kann noch einmal erweitert werden, indem man die jeweiligen Nachbarfarben ein weiteres Mal miteinander mischt: Rot und Orange ergibt die Farbe Rotorange, Orange und Gelb ergibt die Farbe Gelborange, Gelb und Grün ergibt die Farbe Gelbgrün usw. Statt nun einfach den Ittenschen Farbkreis zu verwenden, kann man ihn auch in ein Farbband (s. S. 24) umwandeln und zum Beispiel als Hintergrund für ein Bild nutzen (s. Projekt Nr. 1). Je nach gewünschtem Effekt ist es auch möglich, nur einen Ausschnitt des Farbbandes zu wählen. Bei dem vorgeschlagenen Thema fällt der Bereich „Gelbgrün bis Blaugrün" weg und wird durch die Mischfarbe aller Grundfarben ersetzt: Braun.

Lassen Sie die Kinder den Zusammenhang zwischen Ittens Farbkreis und dem zu malenden Hintergrund selbst herausfinden. Präsentieren Sie zum Beispiel das Bildbeispiel der Abbildung und den Farbkreis nebeneinander als stummen Impuls an der Tafel und überlassen Sie den kleinen Künstlern das Grübeln.

Methodische Anleitungen / Bildaufbau

1. Hintergrund

Um die Stofftaschen für den Farbauftrag vorzubereiten, werden sie angefeuchtet. Eine Plastiktüte, die flach in die Tasche gelegt wird, verhindert das Durchdringen der Farbe auf die Taschenrückseite. Der nasse Hintergrund erleichtert einen fließenden Farbübergang und macht sich die Aquarelltechnik zunutze. Nun tragen die Kinder am oberen Taschenrand einen Streifen Blau auf. Danach nehmen sie die Farbe Voilett auf den Pinsel auf oder mischen die Grundfarben Blau und Rot und tragen das entstandene Violett unter das Blau auf. Vorsichtig werden die beiden Farbgrenzen zwischen den Farben Blau und Violett miteinander vermischt. So entsteht eine interessante neue Farbe: Blauviolett. Sollte das Blau schon allzu sehr angetrocknet sein, hilft beim Verwischen der Farbübergänge ein sauberer, nasser Pinsel.

Auf diese Weise wird der Farbkreis Schritt für Schritt „ermischt" und auf die Tasche aufgetragen. Der Hauptplatzanteil gebührt schließlich dem Gelb, das als Letztes an der Reihe ist. Hierbei spielt der Quantitätskontrast eine Rolle. Natürlich wirkt ein Bild mit einem hohen Gelbanteil freundlicher und heller als ein Bild mit großen Anteilen an dunklen Farben. Dies könnte auch ein Aspekt für das Reflektionsgespräch nach Abschluss der Einheit sein. Die Bilder der Kinder werden erwartungsgemäß in der Verteilung der Farben auf den Hintergrund sehr unterschiedlich ausfallen. Teilweise wird nur eine kleine Teilfläche des Hintergrundes für den Einsatz der Farbe Gelb übrig geblieben sein. Diese Bilder wirken dann entsprechend „finsterer" als die Bilder mit hohem Gelbanteil, die in der Regel „heiterer" wirken (= Quantitätskontrast der Farbe Gelb). Die unterschiedlichen Gestaltungsergebnisse sollten Sie für ein (wertungsfreies) Unterrichtsgespräch nutzen.

Am unteren Blattrand darf nun die „Standlinie" bzw. eine „Standfläche" für die Motive entstehen, die eine perspektivische „Vorne-Hinten-Darstellung" des Dorfmotives erlaubt. Hintergrund trocknen lassen.

2. Dorf

Das Dorf bietet den gestalterischen Freiraum des Bildes. Da die Kinder nur die Farbe Schwarz benutzen dürfen, müssen sie sich auf die sogenannte „Formfindung" (= Gestaltungsbereich Grafik) konzentrieren. Da die Künstler nun nicht mehr viel Zeichenplatz auf ihrem Bild haben, benötigen sie einen feinen Pinsel. Alternativ kann aber auch ein dicker schwarzer Filzstift verwendet werden. Dieser erleichtert den Kindern das Zeichnen und lässt die Bilder filigraner und sauberer erscheinen.

Schließlich wird auch erkennbar, dass die Farbe Schwarz die erfolgreichste Kontrastfarbe zu unserem Farbspiel im Hintergrund ist. Sie lässt die Motive am deutlichsten hervortreten und sticht klar vom hellen Gelb ab. Kinder, die sich schon etwas perspektivisches Zeichnen zutrauen, können versuchen, einen „Vorne-Hinten-Effekt" herauszuarbeiten: „Nahe" Gebäude und Pflanzen werden größer und tiefer auf der Standfläche gezeichnet, „ferne" Motive erscheinen auf dem oberen Teil der Standfläche und werden kleiner gezeichnet. Das begreifen in der Regel schon Erstklässler, wenn man ihnen das Vorgehen an zwei Motivgegenständen an der Tafel vorzeichnet. Versuchen Sie es!

Als „Papierbilder" auf entsprechenden Passepartouts sind sie nicht nur schnell gemalt, sondern wirken als Gruppenausstellung fantastisch und haben eine tolle Fernwirkung.

Z Zusätzliche Aufgaben für schnell arbeitende Schülerinnen und Schüler

Vertiefen Sie noch einmal die Arbeit und die Erkenntnisse zum Farbkreis von Itten:

1. Zum einen könnten die Kinder eine vergrößerte Kopie des Farbkreises (s. Vorwort) mit Wasserfarben farblich ausgestalten. Dadurch werden sie gezwungen, sich den Kreis noch einmal genau und gründlich anzusehen und sich damit handelnd auseinanderzusetzen. Nur drei zur Verfügung gestellte Grundfarben verhindern dann ein Mogeln beim Mischen der Sekundär- und Tertiärfarben (Kompetenzbereich „Farbiges Gestalten").

2. Lassen Sie die Schülerinnen und Schüler allerlei farbige Gegenstände aus alten Zeitschriften ausschneiden und am äußeren Rand des Farbkreises anordnen und aufkleben. Die ganze Klasse wird erstaunt sein, wie viele Farbnuancen es im wirklichen Leben zu jeder Tertiärfarbe gibt (Kompetenzbereich „Farbiges Gestalten").

Ittensche Farbkreis (Schülerarbeit)

Farbband

 Kunstbetrachtung

Wenn Sie diese Kunsteinheit in das Thema „Bauernhof"/„Tiere auf dem Bauern-hof" eingebettet haben, bieten sich Ihnen zur Kunstbetrachtung u. a. folgende Bilder von Franz Marc an: „Blaues Pferd" (1911), „Kühe gelb-rot-grün" (1912), „Liegender Stier" (1913). Weitere Beispiele „alter Meister", die sich mit dem Thema „Bauernhof" auseinandergesetzt haben und zugleich einen schönen historischen Einblick in den bäuerlichen Alltag erlauben, findet man u. a. bei Abel Grimmer („Besuch auf dem Bauerhof" (1608)) und Adriaan van de Velde („Eine melkende Magd mit Kuh und Ziegen vor dem Stall" (1672)).

Ideenkiste für den fächerübergreifenden Unterricht: „Rund um den Bauernhof"

Deutsch:

1. Nach örtlichen Möglichkeiten: Interview mit einem in der Nähe wohnenden Landwirt vorbereiten, durchführen, auswerten
2. Fantasiegeschichte „Eine Kuh (Huhn / Schwein …) erzählt"
3. Tierfamilien (Wortfelder, z. B. Hengst, Stute, Fohlen)
4. Wortfeld „Tiere bewegen sich", Wortfeld „Tiergeräusche"
5. Klassenlektüre: „Na warte, sagte Schwarte" von H. Heine, Deutscher Jugendliteraturpreis (Beltz Verlag, 1. / 2. Schuljahr) oder „Rennschwein Rudi Rüssel" von U. Timm, Deutscher Jugendliteraturpreis (dtv junior, 3. / 4. Schuljahr)

Sachunterricht:

1. Wann gab es die ersten Bauern?
2. Was kommt vom Bauernhof? (Landwirtschaftliche Erzeugnisse: Eier, Mehl, Kartoffeln, Fleisch, Geflügel, Milch, Gemüse etc.)
3. Wie lebt und arbeitet eine Bauernfamilie? (Tagesablauf, Feld / Stall, Maschinen und Geräte, Arbeit im Wechsel der Jahreszeiten, Leben früher und heute)
4. Welche Tiere leben auf dem Bauernhof?
5. Wie wird aus einem Wildtier ein Haustier?
6. Was ist ein Biobauer?
7. Wo gibt es in unserer Nähe einen Bauernhof? (Besuch eines Bauernhofes oder Museums-dorfes)
8. Wir stellen unser eigenes Bauernhofmodell auf (aus Spielzeugfiguren, Schachtelhäusern, Spielzeugtraktoren etc.).

Musik:

1. „Old Mac Donalds Bauernhof" (Verlag B. Schott's Söhne, Mainz)
2. „Tanzlied der Tiere" von D. Jöcker aus: „Und weiter geht's im Sauseschritt", Menschenkinder Verlag, Münster)
3. „Sieben kleine Ferkelchen" von Volker Rosin (aus: „Typisch Volker Rosin", Moon Records Verlag, Düsseldorf)
4. „So geht es zu bei den Schweinen" von D. Jöcker (aus: „Elefantis Liederwiese", Menschenkinder Verlag, Münster)
5. „Widewidewenne heißt meine Gluckhenne" (s. dazu: „Singt und spielt", S. 120, Cornelsen, Berlin)
6. „Leer sind die Felder" (s. dazu: „Singt und spielt", S. 130, Cornelsen, Berlin)
7. Dorffest – Musikkapellen (Blasinstrumente: Trompete, Horn, Posaune, Klarinette, Saxofon etc.)
8. „Das Lied vom Bauernhof", Detlef Cordes, *www.spiellieder.de* für Kinder → Spiellieder

Fremdsprachlicher Unterricht:

1. Begriffe „Bauernhoftiere": dog, cat, cock, horse, pig, chicken, goose …
2. Lieder: „Old McDonald had a farm …" – und viele Tiere
3. „The cock is dead"

Lernmaterialien Im Internet:

- *www.bauernhof.net* (Landwirtschaft zum Anfassen, u. a. mit einem Bauernhof zum Falten, Basteln und Rätseln)
- *www.stadtundland-nrw.de* (Arbeitsblätter zu den Tieren auf einem Bauernhof)
- *www.vs-material.wegerer.at* (u. a. Lesekarteien, Tafelkarten, Lernspiele, Flashcards etc.)

Die kleine Hexe

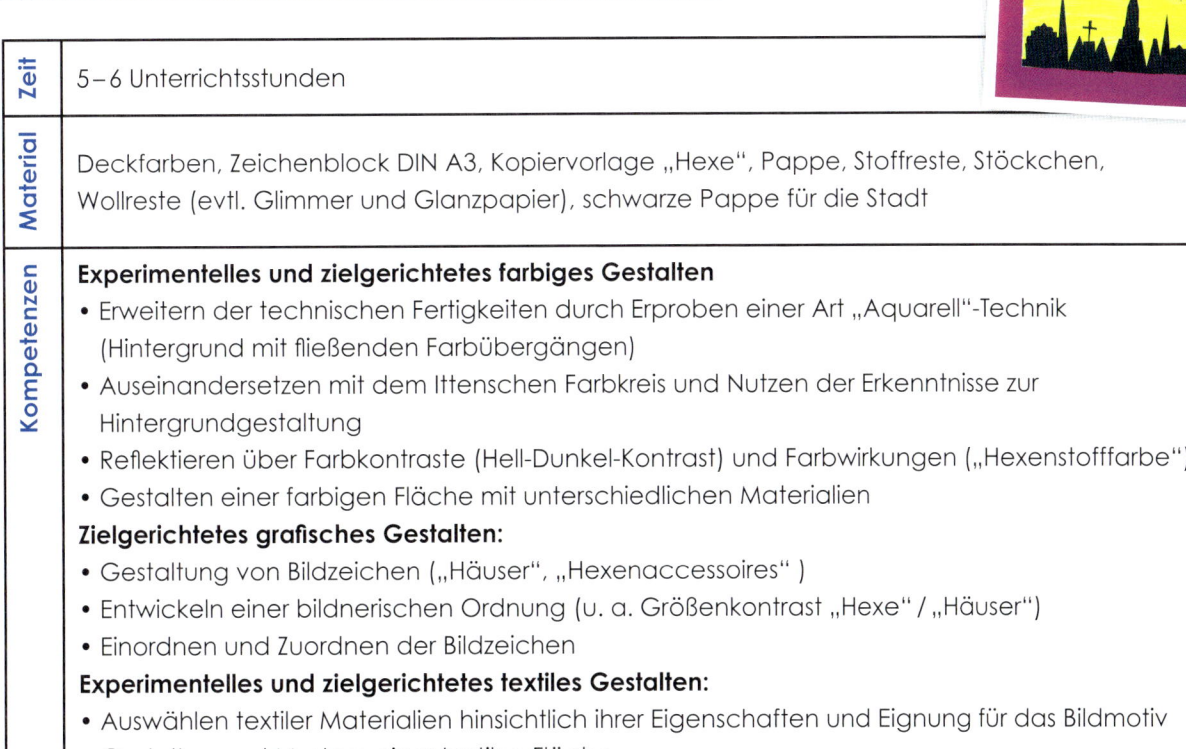

Sachunterrichts- und Deutschthemen
• Hexen • Bücher • Karneval
• Kleidung und Verkleiden

Zeit	5–6 Unterrichtsstunden
Material	Deckfarben, Zeichenblock DIN A3, Kopiervorlage „Hexe", Pappe, Stoffreste, Stöckchen, Wollreste (evtl. Glimmer und Glanzpapier), schwarze Pappe für die Stadt
Kompetenzen	**Experimentelles und zielgerichtetes farbiges Gestalten** • Erweitern der technischen Fertigkeiten durch Erproben einer Art „Aquarell"-Technik (Hintergrund mit fließenden Farbübergängen) • Auseinandersetzen mit dem Ittenschen Farbkreis und Nutzen der Erkenntnisse zur Hintergrundgestaltung • Reflektieren über Farbkontraste (Hell-Dunkel-Kontrast) und Farbwirkungen („Hexenstofffarbe") • Gestalten einer farbigen Fläche mit unterschiedlichen Materialien **Zielgerichtetes grafisches Gestalten:** • Gestaltung von Bildzeichen („Häuser", „Hexenaccessoires") • Entwickeln einer bildnerischen Ordnung (u. a. Größenkontrast „Hexe" / „Häuser") • Einordnen und Zuordnen der Bildzeichen **Experimentelles und zielgerichtetes textiles Gestalten:** • Auswählen textiler Materialien hinsichtlich ihrer Eigenschaften und Eignung für das Bildmotiv • Gestalten und Mustern einer textilen Fläche

Einstieg

Um diese Dame kommen wir nicht herum, wollen es auch gar nicht: „Die kleine Hexe" – Otfried Preußlers mutige, lustige, pfiffige und durch und durch fantastische Blocksberg-Ritterin sowie Trösterin verzweifelt Lernender. Wer sie trotzdem umgeht, stößt als Lehrer aber dennoch immer an einer Stelle der Deutschlehrwerke auf ein Hexenkapitel und kommt nicht ums „Hexen" herum. Für mich immer ein Thema, das riesig viel Spaß macht und viele, viele sprachliche und gestalterische Möglichkeiten schafft. Möchten Sie zu dieser Kunststunde eine tolle emotionale Stimmung erzeugen, empfehle ich Ihnen eines der gruselig-schönen klassischen Musikstücke von Mussorgsky oder Beethoven (s. S. 29). Verdunkeln Sie Ihre Klasse, zünden Sie eine Kerze an oder lassen Sie eine Taschenlampe vom Boden scheinen.

Zu dieser „optischen", dunklen Stimmung passt statt einem Hexenlied auch ein Hexengedicht. Tragen Sie dies langsam und mit rauchiger Stimme vor.

Am allereinfachsten gelingt der Einstieg aber, wenn Sie von Ihrer Deutschstunde rund um „Die kleine Hexe" zum Bildthema überleiten. In diesem Fall sind Sie schon mitten im Thema und können sich jede Einstimmung sparen.

Das Bildthema ist eine weitere Variation zum Farbband, das sich vom Ittenschen Farbkreis ableitet. Sehen Sie dazu den Einstieg und Punkt 1 zu den Projekten Nr. 1 und 4 und Seite 24.

Methodische Anleitungen / Bildaufbau

1. Hintergrund

Die Kinder beginnen mit dem Hintergrund. Diesen legen Sie analog zu dem an, der in den Projekten Nr. 1 und 4 beschrieben wird. Sie sehen, wie viele Möglichkeiten dieser „abgewandelte" Ittensche Farbkreis bietet und wie vielfach er sich verwenden lässt. Alternativ können Sie auch einen Hintergrund in Rot-Orange-Tönen wählen. Am unteren Bildrand tritt noch eine Stadt in Erscheinung. Häuserdächer und Kirchturmspitzen lassen erahnen, wie hoch die kleine Hexe mit ihrem Besenstiel fliegt.

Im Bildbeispiel wurden die Dächer aus schwarzem Tonpapier ausgeschnitten und auf den trockenen Hintergrund geklebt.

2. Hexe

Nun wird die Hexe eingekleidet. Die Kopie der Vorlage (s. S. 30) kleben die Kinder zur Verstärkung auf etwas Pappe. Jetzt müssen die kleinen Künstler entscheiden, wie ein angemessenes Hexenkleid aussieht. Durch die Medien haben die Kinder in der Regel eine genaue Vorstellung, was „man" als Hexe heutzutage trägt. Hellpink im Barbie-puppen-Stil scheidet meist schnell aus. Der Vogelscheuchen-Look im Altkleider-Flickenstil liegt hexenmäßig schwer im Trend. Lassen Sie die Kinder aus mitgebrachten Stoffresten Geeignetes aussuchen und die Wahl begründen.

Nachdem die Stoffe ausgewählt wurden, steht noch eine andere Frage im Raum: Wie legen wir das Hexenkleid an? Aus einem Stück? Fummelei und langweilig! Freestyle? Zu vogelscheuchenhaft und einer besonderen Hexe nicht würdig! Die Lösung liegt wie meist in der Mitte: Kleine Stoffstücke werden nach einem festgelegten Rapport/Muster sich überlappend aneinandergelegt und aufgeklebt. Stoffreste können zum einen zu Streifen geschnitten und aneinandergelegt werden. Das ist einfach und wirkungsvoll. Die Kreativeren schneiden aber zum Beispiel Dreiecke, Fantasieformen und Ähnliches aus und legen sie aneinander. Ganz Raffinierte wählen einen in sich wechselnden Rapport: zum Beispiel Streifen mit Kreisen im Wechsel mit Fransen.

3. Ausgestaltung

Schließlich erhält die kleine Hexe noch all die signifikanten Details, ohne die man als Hexe heutzutage nicht reisen kann: Der bewährte Hexenzauberbesen (Stöckchen auf dem Weg zur Schule suchen), Rabe Abraxas (schwarzes Tonpapier oder gefärbtes Malpapier), ein reizendes Zauberhütchen à la Pommestüte, etwas Zauberstaub im Schlepptau (auch der Hexenauspuff dampft ja bekanntlich) etc. Viel Vergnügen!

 ### Zusätzliche Aufgaben für schnell arbeitende Schülerinnen und Schüler

1. Mit wenig Aufwand können die Kinder kleine Zaubergeräte basteln, mit denen man die Klassenkameraden zum Staunen bringen kann. Bastelanleitungen zu „Hexenmitteln" finden sich in zahllosen Büchern.

2. Wer hexen lernen will, braucht auch einen Hexenhut – ganz klar! Ein großes Stück Pappe zum Halbkreis geschnitten stellt die Schnittform dar. Diese kann je nach „Vorratskammer" bemalt, beklebt und bestickt werden. Erlaubt ist bei Zusatzaufgaben, was gefällt (Kompetenzbereich „Szenisches Gestalten").

 ### Kunstbetrachtung

Dass die Menschen im Mittelalter an die Existenz von Hexen glaubten, ist für unsere Kinder heute unglaublich. Zwei Abbildungen zeigen, wie man sich so einen Hexenflug auf einem Besen vorstellte: „Hexenflug der ‚Vaudoises'", Miniaturabbildung von 1451 in einer Handschrift von Martin Le Franc und „Hexenritt", ein Stich von 1878 von G. Spangenberg (Kompetenzbereich „Auseinandersetzung mit Bildern und Objekten").

 ### Ideenkiste für den fächerübergreifenden Unterricht: „Rund ums Hexen"

Deutsch:

1. Hexensprüche und -gedichte mit unterschiedlichen Stimmführungen lesen und vortragen (flüstern, schreien, heulen, seufzen, lachen, kreischen, brummen, wispern, krächzen etc.), Variationen des Sprechklangs ausprobieren: zum Beispiel mit „Die Hexe" von J. Guggenmos, „Hexen-Einmaleins" von Johann Wolfgang von Goethe, „Die kleine Hex/Morgens früh um sechs" – volkstümlich, „Zauberspruch" von Max Kruse

2. Hexenwörter erfinden und aufschreiben (zusammengesetzte Nomen wie z. B. Mäusespeck und Fliegendreck)

3. Hexensprüche erfinden und aufschreiben (Hexenwörter verwenden und Reimwörter suchen, z. B. „Mäusespeck und Fliegendreck – Eins, zwei, drei und du bist weg!")

4. Hexenwortspiel-Geschichte (s. u.)

5. Hexengeschichten gruselig erzählen und vorlesen

6. Hexenbüchertisch zusammenstellen, Bücher untereinander ausleihen, schmökern

7. Klassenlektüre: „Die kleine Hexe" von Otfried Preußler

Sachunterricht:

1. Was sind Hexen? Gibt es Hexen wirklich?
2. Wann wurden früher Frauen für Hexen gehalten? (Kräuterfrauen, Hebammen, Druidinnen, Rothaarige etc. – Hexenverfolgung)
3. Wann begegnen uns heute „Hexen"? (Brauchtum z. B. in Mittenwald / Alpen, Altweiber)
4. Muss ich Angst vor Hexen haben? (Umgang mit Aberglauben, Fantasiegeschichten, Gruselfilmen und Angstgefühlen)

Fremdsprachlicher Unterricht:

Bewegungsspiel: Ein Kind spielt die Hexe Exedou und spricht mit allen Kindern den Hexenspruch. Sie verzaubert einen Mitschüler in ein Zootier. Dieser muss das Tier pantomimisch darstellen und darf dann selbst Hexenmeister sein. Die Lehrerin hilft bei der Übersetzung der gewählten Tiere oder bietet auf vorbereiteten Karten (Deutsch / Englisch) einige Tiere zur Auswahl an.

Witch, witch Exedou
transforms one thing or sometimes two.
Attention! She is transforming you
into an animal of the zoo:
Magic, magic, yellow wonder,
be a … lion (kangaroo, bird …)
(D. Krebs)

Musik:

1. „Von den gräßlichen Hexen" von L. Edelkötter, B. Cratzius (aus: „Hexentanz und Rattenschwanz", Impulse Musikverlag, Drensteinfurt)
2. „Hexentanz" von R. Krenze / L. Edelkötter (aus: „Du, ich geh einfach auf dich zu", Impulse Musikverlag, Drensteinfurt)
3. Hexensprüche / -gedichte mit „verhexten" Geräuschen unterlegen
4. „Hexeninstrumente" basteln (Joghurtbecherrassel, Blechtrommel etc.) und Hexenmusik ausdenken
5. Klassische Musik: Klavierstück zur russischen, bösen Hexe „Baba Jaga" von Modest Mussorgsky oder das entsprechende Orchesterwerk des französischen Komponisten Maurice Ravel hören (u. a. besonders die lauten und leisen Abschnitte beachten) (s. dazu u. a. „Kolibri 3 / 4", Metzler / Schroedel, Hannover, S. 107) oder Beethovens „Hexenlied", Symphony No. 3 in E-flat Major, op. 55 „Eroica"
6. Als Hexen verkleiden und sich wie eine Hexe bewegen, gehen, tanzen etc. (Eventuell in kleinen Gruppen einen geheimnisvollen Hexentanz einüben und vorführen.)
7. „Die kleine Hexe", Bewegungslied mit Text und Noten auf *www.labbe.de*

Hexenwortspiel-Geschichte

H eute ist Walpurgisnacht.

E ndlich, denkt die kleine Hexe, schwingt sich mit ihrer Spinne

X aktikus auf ihren Düsenbesenstiel und

E ilt im Grünen-Giftzahn-Tempo zum Hexentreffen.

N och lange feiert sie in dieser Nacht und tanzt den Hexenechsentanz.

(D. Krebs)

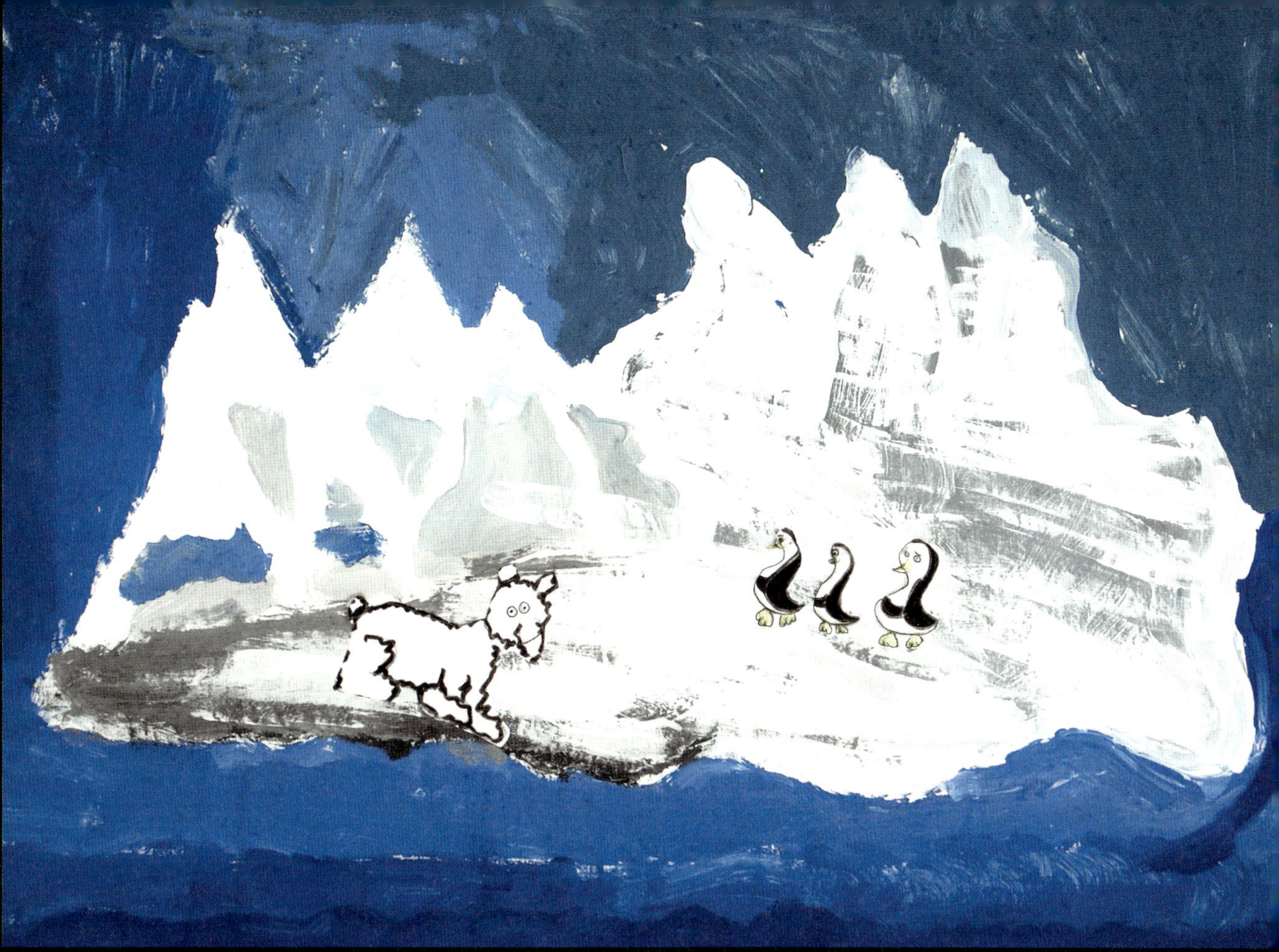

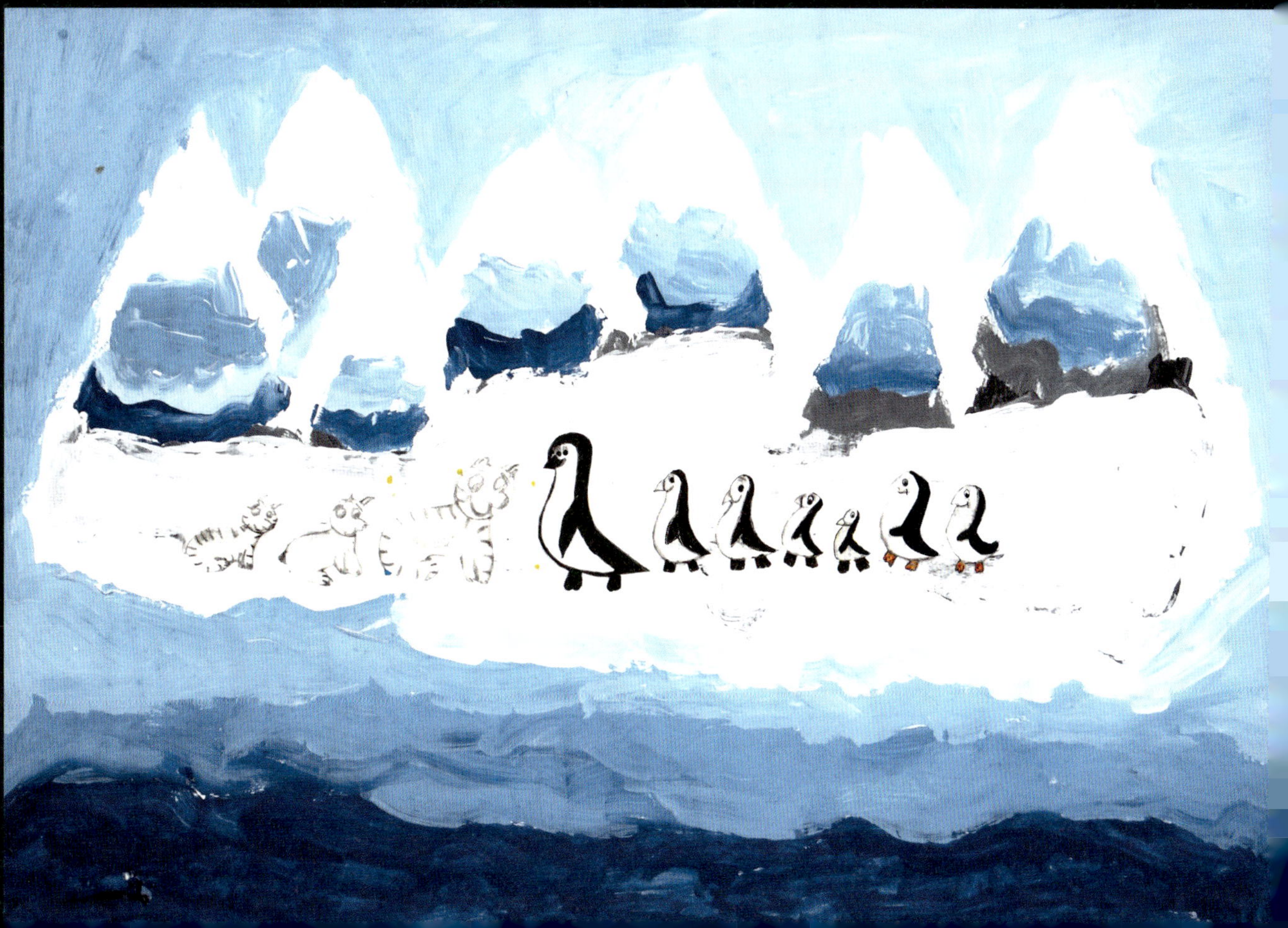

Pinguine auf einer Eisscholle

BVK PA03 • Doris Krebs: Kunstprojekte zur Klassenraumgestaltung, Band II: Winter und Frühling

Sachunterrichts- und Deutschthemen
• Winter • Ferne Länder • Nordpool/Südpool
• Zootieree • Tiere im Winter

Zeit	3–4 Unterrichtsstunden
Material	Deckfarben, vor allem Blau (besser Dispersionsfarbe), Zeichenblock DIN A3, Deckweiß, schwarzer Filzstift Nach Wahl: Glimmer
Kompetenzen	**Experimentelles und zielgerichtetes farbiges Gestalten** • Erweitern der technischen Fertigkeiten durch Erproben einer Art „Gouache"-Maltechnik • Experimentieren mit dem Farbmaterial „Deckweiß" (u. a. mit dem Mischverhältnis) • Gezieltes Brechen der Farbe Blau durch Helltrübung (Qualitätskontrast) • Reflektieren der Farbwirkung („Kälte"-Gefühl) • Gliedern des Bildes durch farbige Flächen („Himmel"/„Meer"/„Eisscholle") **Experimentelles und zielgerichtetes grafisches Gestalten** • Gestalten von Bildzeichen (z. B. „Pinguine") • Entwickeln einer bildnerischen Ordnung (u. a. Größenkontrast „Scholle"–„Tiere", Streuung–Ballung) • Ein- und Zuordnen der Bildzeichen (Figur-Grund-Bezug, Vordergrund–Hintergrund, Beziehung der Tiere untereinander)

Einstieg

„Kinder, zieht euch warm an. Jetzt wird es kalt. Richtig kalt! So kalt, dass der warme Pulli und die Daunenjacke nicht mehr reichen. Da, wo wir hinwollen, reicht nur ein Bärenpelz. Dort gibt es auch keine Tiere mehr, die wir kennen. Katzen, Wellensittiche, Schnecken und Regenwürmer etc. haben dieses Land noch nie gesehen. Bäume gibt es auch nicht. Die Menschen dort feiern Weihnachten nicht gemütlich im Sessel vor dem Kamin. Sie machen es sich in einem ‚Eishaus' gemütlich. Was? So ein Land gibt es doch nicht? Aber natürlich! Wer weiß, wo es liegt?"

Wenn das Geheimnis einmal gelüftet ist, werden Ihre Kinder mehr hören und erzählen wollen. Ein Land ganz aus Eis ist ja auch faszinierend. Mancher weiß Erstaunliches zu berichten und hat im Fernsehen vielleicht schon Unglaubliches über das ferne Land gehört und gesehen. Zum Beispiel, dass es die Arktis am Nordpol gibt und die Antarktis am Südpol. Die Arktisgebiete haben eine Sommertemperatur von 1–8 Grad Celsius und eine Wintertemperatur bis unter minus 60 Grad. Die Antarktisgebiete sind immer kalt, zum Teil bis minus 70 Grad. Der Nordpol ist eine Eiswüste. Hier leben Eisbären, Walrösser, Robben und Wale. Der Südpol liegt auf einer großen Landmasse, die von einer mächtigen Eisschicht bedeckt wird. An manchen Stellen ist das Eis über 4000 Meter dick. Im Südpolargebiet leben Seevögel, Pinguine, Robben und Wale.

Langsam, ganz langsam kommt diese seltsame Eiswelt immer näher. Immer näher in die Köpfe der Kinder und … in unseren Klassenraum.

Methodische Anleitungen/Bildaufbau

1. Eisscholle

Leisten Sie sich für dieses Bild, wenn irgend möglich, die oben angegebenen Dispersionsfarben. Das Malen wird erheblich erleichtert und das Kunstwerk gelingt ohne Mühe.

Dieses Mal beginnen die Kinder einmal nicht mit der Gestaltung des Himmel-Hintergrundes, sondern starten mit der Eisscholle (s. auch Titelbild). Dabei dürfen

sie kräftig in die weiße Farbe langen. Eine eckige Eisinsel mit zackigen Eisbergen entsteht. Um das eisige Weiß etwas zu akzentuieren, wird in die nasse Deckfarbe ein Hauch Blau gestrichen. Die Farbübergänge zum Weiß werden sanft mit einem sauberen, nassen Pinsel verstrichen.

Der Clou zum Schluss: Spendieren Sie ihren Schülern eine kleine Flasche „Glimmer". Dieser wird in kleinen Mengen auf den feuchten, weißen „Eisschnee" gestreut. Dadurch erhalten diese Flächen das typische Funkeln der Eiskristalle. Außerdem begeistern Sie die Kinder immer, wenn etwas Glitzerndes mit „ins Spiel" kommt. Welcher Freund hat schon solch ein strahlendes Bild?

2. Himmel und Wasser

Nun kommen der Himmel und das Wasser an die Reihe. Mit einem mit sehr, sehr wenig Blau gemischten Weiß entsteht ein kalter Polarhimmel. Die Farben müssen nicht ganz sauber miteinander verrührt werden. Wenn am Himmelhorizont noch unregelmäßige blau-weiße Schlieren zu sehen sind, wirkt er etwas lebendiger und interessanter.

Das Gleiche gilt für das Eismeer. Auch hier sollten auf der tiefdunkelblauen Oberfläche noch Wasserkrönchen in Weiß, Hellblau und Mittelblau zu sehen sein.

Bei einer solch cremigen Farbe wie der Dispersionsfarbe ist die Pinselführung sehr wichtig: Das „Meer" pinselt man mit „Bögelchen"-Bewegungen, der „Himmel" wird horizontal gestrichen, die „Eisberge" und die „Eisscholle" kann man stricheln.

3. Tiere

Auf einem zweiten Blatt gestalten die Kinder nun die Polarbewohner. Je nach Geschmack entstehen mit dem Filzstift oder mit Deck- bzw. Dispersionsfarbe Pinguine, Eisbären, Walrösser usw. Diese werden ausgeschnitten und auf den trockenen Hintergrund geklebt. Die Tiere werden so angeordnet, dass eine Beziehung unter ihnen sichtbar wird: Sie können in Gruppen, im Gänsemarsch, einander zugewandt, paarweise verstreut oder gemeinsam im Wasser planschend aufgeklebt werden (Kopiervorlage Pinguine s. S. 34). Wenn die Eisscholle noch zu unbewohnt ist, hat man auch die Möglichkeit, einige Inuit (Eskimos) mit ihrem Hausstand anzusiedeln.

Viel Spaß bei der „Eisparty"!

 ### Zusätzliche Aufgaben für schnell arbeitende Schülerinnen und Schüler

Das gleiche Bildthema kann man auch prima als kleine Ausstellungslandschaft in Gemeinschaftsarbeit aufbauen und gestalten. Die Eisinseln lassen sich durch Styroporstücke darstellen, das Meer wird durch etwas Klarsichtfolie auf blauem Karton vertreten und die Tiere entstehen aus einer kleinen, selbst geklebten Pappröhren-Grundform ähnlich einer Toilettenpapierrolle.

Auf diese Weise ist in meiner Klasse einmal ein sehr dekorativer Adventskalender entstanden. Die Tiere wurden aus Toilettenpapierrollen gebastelt und gegenseitig mit kleinen Überraschungen gefüllt (s. Projekt Nr. 3). Etwas Glimmer und eine weiße Lichterkette bzw. kleine Kerzen lieferten den letzten Pfiff (Kompetenzbereich „Räumliches Gestalten" und „Szenisches Gestalten").

 ### Kunstbetrachtung

In Verbindung mit der vorangegangenen Kunstaufgabe würde ich auch zur Kunstbetrachtung Bilder auswählen, an denen man den Einsatz „kalter" Farben studieren kann. Bildhinweise dazu finden Sie zum Beispiel auf Seite 14 („Bildbetrachtung").

Pinguine als Bildmotiv finden sich weniger in Werken alter Meister als bei Gegenwartskünstlern. Hier empfehle ich Ihnen die Seite der Wienerin Silvia Wichtl, die dieses Thema verspielt-witzig „durchge-x-t" hat *(www.wichtl.at)* (Kompetenzbereich „Auseinandersetzung mit Bildern und Objekten").

 ### Ideenkiste für den fächerübergreifenden Unterricht: „Rund um die Tiere im Winter"

Deutsch:

1. „Tiere im Winter" – Ein Klassenbuch: Sachtexte zu den einzelnen „Wintertieren" schreiben, illustrieren, sammeln und zu einem gemeinsamen Buch zusammenfassen

2. Gedichte: zum Beispiel „Die Maus hält einen Winterschlaf" von Lisa-Marie Blum, „In der Hecke ist es still" von Ursel Maiorana u. a., „Zugvögel" von Johannes Foersch

3. Vorgangsbeschreibung (Futterhaus bauen, Körnerringherstellung)

4. Fantasiegeschichte „Weihnachten im Wald", „Konferenz der Tiere" (vgl. Erich Kästner) etc.

BVK PA03 • Doris Krebs: Kunstprojekte zur Klassenraumgestaltung, Band II: Winter und Frühling

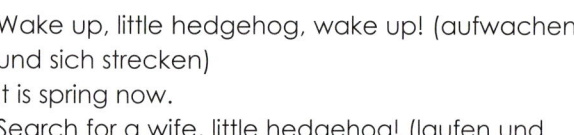

Sachunterricht:

1. Was machen die Tiere im Winter?
   - Winterschlaf, Winterruhe, Winterstarre
   - „Wintermantel und Tarnkappe" – Winterfell
   - Winterquartiere (Baumnester, Baumhöhlen, Kobel, Blätterbett, Erdbauten, Teichboden etc.)
   - Winternahrung (Vorbereitung im Herbst, Fettreserven am Körper, Wintervorrat, Winterfunde)
   - Igelwinter
2. Was machen die Tiere im Zoo im Winter?
3. Wohin fliegen (einige) Vögel, wenn der Winter kommt?
4. Wie (über-)leben die Tiere im ewigen Eis (z. B. am Nordpol)? Besondere Winterexperten: Eisbären, Pinguine, Wale, Walrösser, Rentiere, Schlittenhunde etc.

Fremdsprachlicher Unterricht:

Bewegungsspiel: Ein Kind spielt den Igel, die anderen sprechen.
Variante: Der Lehrer spricht, alle spielen.
„Hedgehog" heißt Igel und bedeutet wörtlich übersetzt „Heckenschwein". (Man spricht es „hedschhog" aus.)

The hedgehog

Eat, little hedgehog, eat! (essen)
It is autumn now.
Sleep, little hedgehog,
sleep! (zusammenrollen
und schlafen)
It is winter now.
Wake up, little hedgehog, wake up! (aufwachen
und sich strecken)
It is spring now.
Search for a wife, little hedgehog! (laufen und
einen Partner suchen)
It is summer now!
(D. Krebs / J. Stapels)

Musik:

1. „Wann streckt ihr frech die Nasen raus" von L. Edelkötter / B. Cratzius (aus: „Uns gefällt die Frühlingszeit", Impulse Musikverlag, Drensteinfurt)
2. „Pitsch, patsch, Pinguin", F. Vahle, zum Beispiel in „Kolibri. Das Liederbuch", Schroedel Verlag GmbH 1995
3. „Papa Pinguin" – Song von Pigloo auf *www.youtube.com,* eignet sich toll als Bewegungs- und Tanzlied, Songtext gibt es u. a. unter *www.songtexte.de*

Kopiervorlage

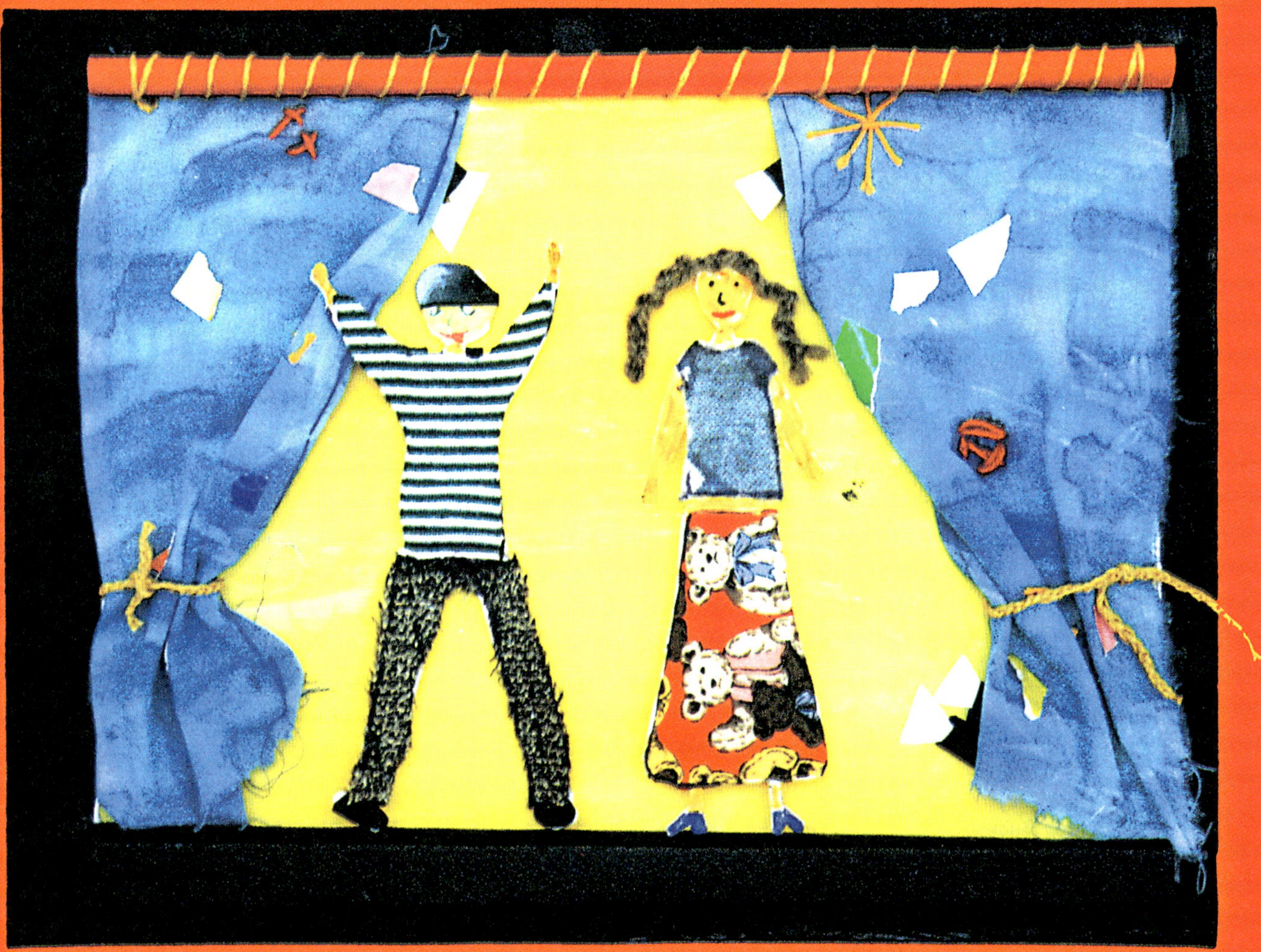

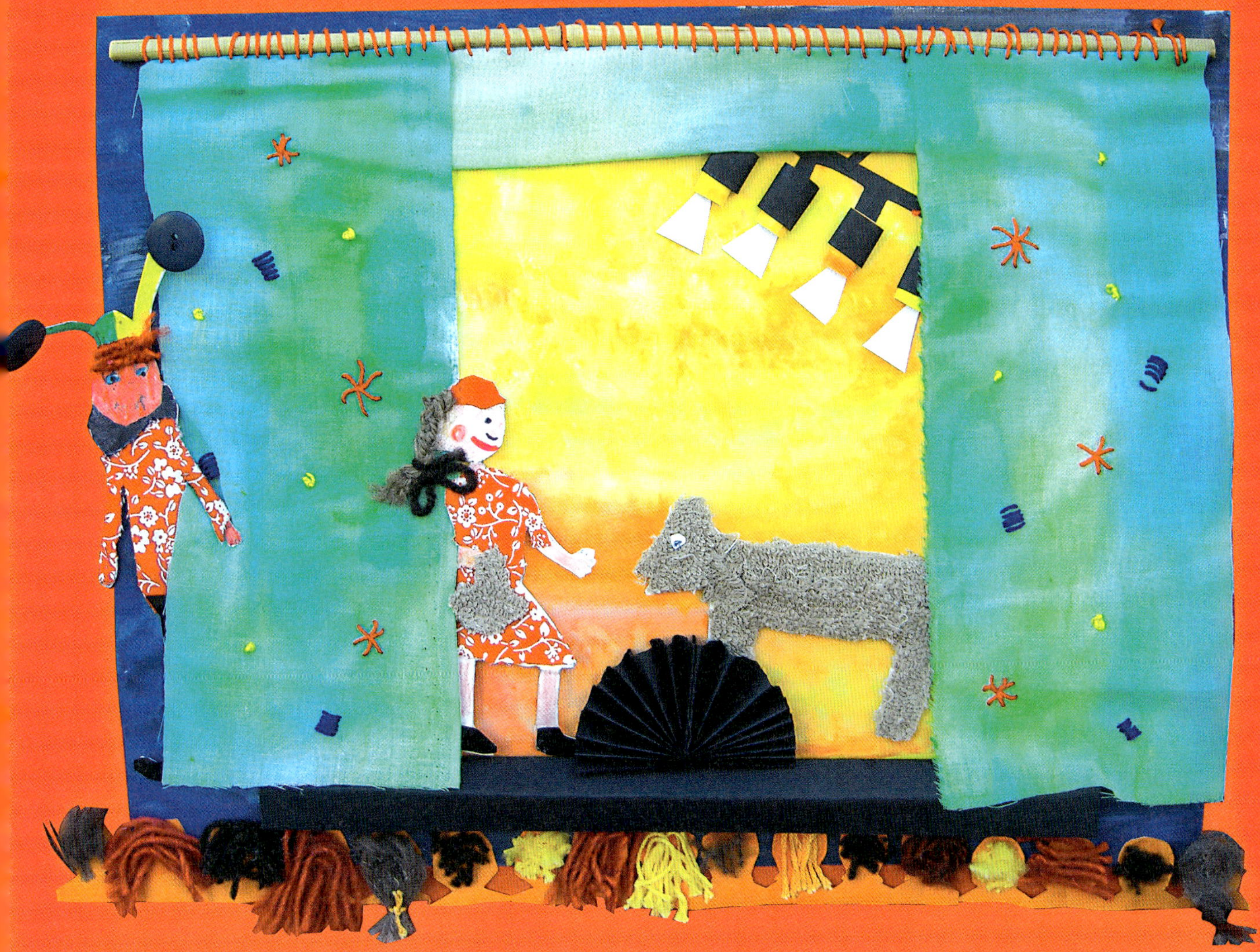

Theaterbesuch

Sachunterrichts- und Deutschthemen
• Rollenspiel • Verkleiden / Kleidung • Medien

Zeit	6 – 10 Unterrichtsstunden (je nach Wahl der Varianten)
Material	Deckfarben, Zeichenblock DIN A3, grüner Stoff (oder mit Wasserfarben grün gefärbter / bestrichener weißer Baumwollstoff), Schaschlikspieße, Sticknadeln, Garne Nach Wahl: Tonpapierreste, textile Materialien, Wolle, Modelliermasse
Kompetenzen	**Zielgerichtetes farbiges Gestalten:** • Reflektieren über Farbwirkungen und Farbkontraste (u. a. Hell-Dunkel-Kontrast) **Zielgerichtetes szenisches Gestalten:** • Theaterraum und -figuren für eine Theaterszene gestalten **Experimentelles und zielgerichtetes textiles Gestalten** • Experimentelles Erproben von Materialverbindungen und Aneinanderfügen von Textilem und Nicht-Textilem mit einfachen Techniken (z. B. Flachstich) • Anwenden konventioneller und unkonventioneller Techniken zur Gestaltung textiler Flächen (Theatervorhang) **Experimentelles und zielgerichtetes grafisches Gestalten:** • Ein- und Zuordnen der Bildelemente (u. a. Theaterfiguren in Beziehung setzen)

Einstieg

Besonders nach einem Theaterbesuch sind die Schülerinnen und Schüler oft so ergriffen, dass ihre Eindrücke und Emotionen ein ideales Ventil in einer nichtverbalen Ausdrucksform (der Malerei) finden können. Ferner äußern sich auf diese Weise alle (!) Kinder zu dem Erlebten und nicht nur einige wenige in einer meist eher kurzen Nachbesprechung. Je nach Inhalt des gesehenen Stückes variieren die Motive des Bildthemas. Ich würde die Kinder stets die für sie beeindruckendste und bedeutungsvollste Szene gestalten lassen. Auf diese Weise setzen sich alle noch einmal mit dem Stück auseinander (und konsumieren den Besuch nicht zu schnell). Das Erfahrene kann langsam verdaut und mit den Eindrücken der anderen verglichen werden. Der Lehrer kann einmal auf eine andere Weise einen erlebten Unterrichtsgang aufarbeiten.

Methodische Anleitungen / Bildaufbau

1. Reflexion der Farbwahl

Da die Bühne im wirklichen Leben wie auch auf dem Malpapier in den optischen Mittelpunkt gerückt werden soll, benötigen wir zwei Farben mit jeweils zwei unterschiedlichen und wichtigen Aufgaben:

• Zum einen benötigen wir für die Bühne eine Grundfarbe, die die Blicke auf sich lenkt, Signaleffekt hat und das Theaterlicht vertritt. Schnell werden Ihre Kinder auf Farben im Gelb-Orange-Rot-Bereich kommen. Bei unerfahrenen, jungen Klassen empfehle ich Folgendes, um die Wirkung von Farben zu erfahren: Legen Sie in die Mitte des Gesprächskreises (oder hängen Sie an die Tafel) jeweils einen Repräsentanten für die drei Grundfarben und die drei Mischfarben: Rot, Blau, Gelb, Orange, Grün, Violett. Repräsentanten können zum Beispiel Tonpapiere sein. Diese sind schön groß und dadurch auch von einer größeren Entfernung aus noch gut zu sehen. Lassen Sie die Kinder die Augen schließen und mit konzentriertem Blick auf die Farben wieder öffnen. Welche Farbe drängt sich am meisten auf, fällt am ehesten ins Auge? In der Regel setzen sich die hellen Farben durch.

• Zum anderen benötigen wir für den Hintergrund (den Zuschauerraum) eine zurückhaltende Farbe, die das Gemeinte in seiner Wirkung unterstützt. Mit dem oben beschriebenen Versuch lässt sich auch ermitteln, dass Farben im Bereich Blau-Violett sehr dunkel und unauffällig sind. Schwarz wäre schließlich noch eine weitere Möglichkeit der Verdunkelung. In diesem Zusammenhang kann man auch einmal überlegen, warum sich Einbrecher eher dunkel kleiden als in schönen Orange-Rot-Tönen.

BVK PA03 • Doris Krebs: Kunstprojekte zur Klassenraumgestaltung, Band II: Winter und Frühling

Der Aspekt der Wirkungs-unterstützung der Motivfarben führt unweigerlich zum Thema der „Kontrastfarben". Im Ittenschen Farbkreis liegen die Farben Blau und Violett den Farben Orange und Gelb gegenüber.

2. Hintergrund

Die Kinder legen nun ein inneres Rechteck mit den Farben Rot-Orange-Gelb an. Dieses wird durch die Farben Blau-Violett-Schwarz eingefasst. Wenn die Kinder die jeweiligen Malfelder vorher anfeuchten, laufen die gewählten Farben sanft ineinander. Das erzeugt einen schillernden Farbeffekt.

3. Figuren

Die Figuren kommen nun ins Spiel. Sie haben je nach Zeit, Aufwand und Materialvorrat verschiedene Möglichkeiten:

a) Die Figuren werden deckend aufgemalt.

b) Die Motive werden separat mit Deckfarben oder Filzstiften gemalt, ausgeschnitten und aufgeklebt. Besonders reizvoll sieht die zweite Gestaltungsmöglichkeit aus, wenn die ausgeschnittenen Figuren auf Abstandhalter (z. B. Korkscheiben, Papierkügelchen etc.) geklebt werden und dadurch ein plastischer Effekt entsteht.

c) Die Bildelemente werden aus Modelliermasse oder Knete modelliert. Signifikante Details werden durch Stoffe, Wollreste, Steinchen, Stöckchen etc. ergänzt. Das Bühnenbild kann aus Papier oder Karton gebastelt werden und lässt innerhalb des Themas viel gestalterische Freiheit.

4. Theatervorhang

Nun kommt der Theatervorhang an die Reihe. Er trennt Publikum und Schauspieler, Wirklichkeit und Fantasie, lässt zu Beginn Spannendes dahinter erwarten und schließt zum Schluss das Stück ab. Das stellt die kleinen Künstler wieder vor eine Farbwahlentscheidung: Da schon alle anderen Farben des Farbkreises eine Aufgabe in diesem „Stück" haben und nur noch eine Farbe auf der „Reservebank" sitzt, ist die Entscheidung doch nicht allzu schwer: Grün. Diese Farbe stellt sich nicht in den Vordergrund, ist aber auch nicht völlig „glanzlos" und unscheinbar. Sie kontrastiert schließlich auch noch das Rot im Theaterbühnenbereich.

Bevor Sie nun lange nach einem geeigneten grünen Stoff für diese Gestaltungsaufgabe suchen, machen Sie Folgendes: Zerschneiden Sie den Kindern ein altes Betttuch oder andere weiße Stoffreste. Diese legen die kleinen Künstler flach auf den Tisch und streichen sie mit verschiedenen Grüntönen aus dem Deckfarbenkasten an. Trocknen lassen (ggf. auf einer Wäscheleine aufhängen).

Die Gestaltung des Vorhanges eröffnet wieder viele Möglichkeiten. Der Vorhang kann bedruckt und bestickt werden. Sie können die Kinder den Saum umnähen lassen. Es kann etwas angenäht werden. Die Kinder können Haltekordeln drehen oder flechten.

Sollten Sie das alles nicht vorhaben, reicht es auch, einen schönen Stoffrest passend zuzuschneiden. Schließlich muss der Vorhang an eine Stange (Schaschlikspieß, Stöckchen etc.) ange-

näht werden. Verwenden Sie am besten den sogenannten „Flachstich".

(Anmerkung: Sollten Sie z. B. in Ihrem heimischen Stadttheater einen roten Theatervorhang haben, müssen Sie akzeptieren, wenn die Kinder sich nicht auf die Vorhangfarbe Grün ein-lassen wollen.)

5. Ausgestaltung

Zum Schluss kann das Gesamtwerk noch frei ausgestaltet, ergänzt und verziert werden. Schnelle Schülerinnen und Schüler könnten zum Beispiel den Zuschauerraum liebevoll ausgestalten und einige Hinterköpfe mit einem dünnen schwarzen Filzstift oder Wollresten verfeinern.

Zusätzliche Aufgaben für schnell arbeitende Schülerinnen und Schüler

Natürlich bleiben wir auch dieses Mal beim Bildthema. Eine sehr reizvolle Zusatzaufgabe ist das Gestalten von Finger- oder Handpuppen. Wer gute Nerven hat, kann den Kindern erlauben, Fingerpuppen auf die Finger zu malen (Kompetenzbereich „Szenisches Gestalten", „Räumliches Gestalten", „Textiles Gestalten").

👀 Kunstbetrachtung

Sollten Sie die Bildaufgabe mit dem Thema „Kleidung" (Kompetenzbereich „Textiles Gestalten") verknüpfen wollen, lege ich Ihnen das Buch „Vom Sinn der Eitelkeit", Herder Verlag, Freiburg (1981) ans Herz. Mit einer besonders geeigneten Auswahl großer Meisterwerke können Sie eine Reise durch die Jahrhunderte und ihre textilen und modischen Besonderheiten erleben. Sie finden hier u. a. Bilder von Giovanni Bellini „Der Doge Leonardo Loredan" (1501), Hans Holbein der Jüngere „Portät von Heinrich VIII von Englang" (1537), Diego Velázquez „Infantin Magarita in Blau (Las Meninas)" (1656), Peter Paul Rubens „Der Künstler mit seiner Frau Isabella Brant in der Geißblatt-laube" (um 1609), Carl Joseph Begas „Die Familie Begas" (1821), Otto Dix „Bildnis der Schriftstellerin Sylvia von Harden" (1926) (Kompetenzbereich „Auseinandersetzung mit Bildern und Objekten").

📦 Ideenkiste für den fächerübergreifenden Unterricht: „Rund um die Kleidung"

Deutsch:

1. Rotationstheater (s. rechts)
2. Beschreibung „Meine liebsten Klamotten"
3. Bekleidungsrätsel ausdenken, aufschreiben, spielen (z. B. typische Berufsbekleidungen beschreiben)
4. Kleiderbuch erstellen (lustige und interessante Bekleidungsdarstellungen sammeln und erklären oder witzig kommentieren, z. B. Bühnenkostüme, Karnevalskostüme, ungewöhnliche Designermodelle, Trachten)
5. Fantasiegeschichten schreiben „Modenschau auf dem Mars", „Ein Hut geht auf die Reise", „Ein alter Schuh erzählt" etc.
6. Suchanzeige verfassen: „Mütze verloren"
7. „Pelles neue Kleider" von E. Beskow, Urachhaus 2012 (Ein herrliches Bilderbuch, bei dem es außer um Kleidung auch um menschliche Werte geht.)
8. Vorgangsbeschreibung zum Beispiel „Vom Schaf zur Wolle", „Von der Baumwollpflanze zur fertigen Baumwolle" etc.
9. Szenisches Spiel zum Märchen „Des Kaisers neue Kleider" von H. Chr. Andersen

Sachunterricht:

1. Wofür benötigen wir verschiedene Kleidung? (Bekleidungssorten: Berufsbekleidung, Sportbekleidung, Schutzbekleidung, Uniform, Sommer- / Winterbekleidung, Modekleidung, Tracht, Verkleidung, Kopfbedeckung, Fußbekleidung, Accessoires etc.)
2. Welche Funktionen erfüllt Kleidung? Schutzfunktion: Schutz vor Kälte, Nässe, Sonne, Verletzungen, Schutz im Verkehr (Signalfarben)
3. Wie pflegt man Kleidung? (ordnen, waschen, trocknen, bügeln, falten, ausbürsten, lüften, Leder eincremen, pflegen, Flecken entfernen ohne Chemie …)
4. Woraus entsteht Kleidung? (Textile Rohstoffe (Wolle, Baumwolle, Seide, Leinen, Leder, Kunstfasern etc.), s. auch „Deutsch")

5. Wie wird Bekleidung hergestellt? (weben, stricken, nähen, filzen etc.)
6. „Kleider machen Leute" – Warum ist es wichtig, was ich trage? (Gesellschaftliche Symbole bei mir, anderen, in anderen Ländern, früher, Jugendbekleidung / Mode)

Rotationstheater:

Das ist ein Verkleidungstheater, das besonders viel Spaß macht, wenn es temporeich gespielt wird. Die Kinder teilen sich in kleine Gruppen (2–4 Spieler) auf. Jede Gruppe verkleidet sich möglichst schnell mit den Dingen aus der „Kleiderkiste" und denkt sich dabei eine kleine Theaterszene aus, möglichst mit viel Klamauk. Jede Gruppe macht etwas anderes und spielt lustig drauf los. Dann wird in Rotationsrichtung zur nächsten „Kleiderkiste" gewechselt. Man kann so lange kreisen, bis einem die Lust und die Luft ausgeht. Der Spaß liegt besonders darin, dass man immer wieder wechseln und sich etwas Neues ausdenken muss.

Musik:

1. „Mein Hut, der hat drei Ecken" – Kinderlied
2. „Grün, grün, grün, sind alle meine Kleider …" – Kinderlied
3. „Waschmaschine Clementine" von V. Rosin (aus: Das singende Känguruh, Moon Records Verlag, Düsseldorf) – ein flottes Bewegungslied
4. „Zeigt her eure Füße" – Volkslied

Fremdsprachlicher Unterricht:

1. Begriffe: clothes, T-shirt, coat, trousers, cotton, hot pants, jeans, jersey, dress, pullover, shoes, shorts, skirt, boots, sweater, jacket, scarf, cap
2. Kleidungsstücke benennen und in einfacher Weise beschreiben (Farbe, Größe)

Sigi, der Dinosaurier

Sachunterrichts- und Deutschthemen
• Dinosaurier • Urzeit • Geschichte • Buch

Zeit	6 – 8 Unterrichtsstunden
Material	Deckfarben, 3 Zeichenblockblätter DIN A3, Schere, Klebstoff, schwarzer Filzstift
Kompetenzen	**Experimentelles und zielgerichtetes farbiges Gestalten** • Erproben von Farbmischungen und Differenzieren der Farbe Grün (Hintergrund) • Reflektieren über Farbkontraste (u. a. Farbe-an-sich-Kontrast) **Experimentelles und zielgerichtetes grafisches Gestalten** • Gestalten von (fantastischen) Bildzeichen („Dinosaurier", „Urzeitpflanzen") • Entwickeln von grafischen Mustern („Dinomuster"), Strukturen und / oder Oberflächen-beschaffenheiten („Panzerplatten") • Entwickeln einer bildnerischen Ordnung (Vorne-Hinten, Überschneidung)

Einstieg

„Sigi ist ein Träumer. Das behaupten zumindest die anderen Dinosaurier. Die bilden sich auch einiges auf ihre hornigen Stacheln, Plattenpanzer, Hackenschilde, Hörner usw. ein. Nicht so Sigi, der kleine Stego-Diplodocus. Obwohl er allen Grund hätte, eingebildet zu sein. Schließlich wird er mal der Größte im ganzen Urzeitwald sein. Wie sein Papa wird er mal über 30 m groß werden. Doch Sigi träumt nicht von Größe, sondern von Farbe. Rings um ihn herum ist alles bunt. Das Wasser ist blau, die Wiesen sind saftig grün, der Sand ist gelb, die Urzeitblumen sind orange, rot, violett und vieles mehr. Aber die Dinosaurier sind graugrünbraun wie die kargen Felsen und Steine. ‚Das ist doch schrecklich', denkt sich Sigi. ‚Dass bei all der Farbenpracht rings um uns herum ausgerechnet wir Dinos so farblos sein müssen', murmelt Sigi und schlummert in seinen Mittagsschlaf. Auf einmal befindet er sich in einer sagenhaft neuen Urzeitwelt …"

An dieser Stelle der Geschichte gebe ich die Erzählung an die Kinder ab. Natürlich fällt in Sigis Fantasiewelt die graue Farbe von ihm ab und wird durch ein prächtiges farbiges Panzerkleid ersetzt. Auf welche Weise das geschehen könnte, kann nicht nur ein Erzählanlass sein, sondern auch ein Schreibanlass für eine spätere Deutschstunde.

Alternativ zur oben erzählten Geschichte können Sie das Bildthema auch im Zusammenhang mit einer Ganzschrift behandeln. Auf dieses Bildmotiv bin ich übrigens durch die vielen farbenfrohen Dinosaurier-Kinderbücher gekommen (u. a. das Buch „Dino-Geflüster" von P. und H. Stickland, ars edition, München). Ganz besonders bietet sich dieses Bildthema an, wenn Sie im Sachunterricht über die (unvermeidlichen) Dinosaurier sprechen. Ein Sachthema, dass Ihnen in der Regel die Begeisterung aller Kinder sichert.

Methodische Anleitungen / Bildaufbau

1. Hintergrund / Reflektion zur Gründifferenzierung

Die Kinder beginnen mit dem Hintergrund. Dieser bietet die Gelegenheit, über die Mischfarbe Grün zu sprechen.

Ein tolles Mischexperiment dazu ist Folgendes: Nehmen Sie fünf Wassergläser oder durchsichtige Gefäße und stellen Sie sie gut sichtbar vor den Kindern auf. Füllen Sie zwei Gläser mit Wasser und lösen in ihnen mit dem Pinsel jeweils etwas Blau und Gelb aus dem Deckfarbenkasten auf. Das Wasser sollte kräftig gefärbt sein. Lassen Sie die Schüler vermuten, was passiert, wenn man jeweils die gleiche Menge blaues Wasser und gelbes Wasser in ein drittes Glas gießt. Bis auf ganz junge Kinder werden alle die richtige Antwort wissen: Grün. Führen Sie den Versuch durch. Ganz langsam gegossen, ist das ein spannender Moment. Meist können Sie dabei eine „Stecknadel fallen" hören. Die nächste Vermutung, die die Kinder äußern sollen, zielt auf die Mischfarben zweiter Ordnung (die Tertiärfarben) ab.

Es gibt ja schließlich nicht nur *ein* Grün, sondern viele unterschiedliche „Familienmitglieder". „Was passiert, wenn ich in einem vierten Glas zu gleichen Teilen das gemischte Grün und das Gelb gieße?" Das Experiment lässt ein leuchtendes Grüngelb entstehen. So erhalten auch die weiteren Mischfarben einen treffenden Namen.

Diese fünf Farbtöne sollen sich nun auch im Hintergrund wiederfinden. Damit ein fließender Farbübergang gelingen kann, wird das ganze Blatt angefeuchtet. Sollten später einige Stellen zu früh getrocknet sein, müssen sie vor dem Farbauftrag noch einmal angefeuchtet werden. Ein weiterer Trick besteht darin, dass Farbgrenzen, die nicht sanft ineinander übergehen, nachträglich mit einem sauberen, nassen Pinsel überstrichen werden. Das löst die Farbe wieder etwas auf und sorgt für eine Farbmischung auf dem Blatt.

2. Dinosaurier

Auf einem zweiten Blatt entsteht nun der „traumhafte" Sigi. Haben Sie im Rahmen des Einstiegsgespräches noch nicht über Dinosaurier gesprochen, müssen Sie es spätestens jetzt tun. „Sigi" ist eine Mischung aus einem Diplodocus und einem Stegosaurus. In fantastischen Geschichten kommen halt auch „Mischehen" vor.

Auf folgende Körpermerkmale sollte das kindliche Auge gelenkt werden: säulenförmige Beine, Zehen, langer und beweglicher Schwanz (stützt das Tier und dient zur Verteidigung), entlang der Wirbelsäule Knochenplatten und Dornen, langer Hals, kleiner Kopf.

Nachdem die Körperform geklärt ist und farbig grundiert wurde, steht nun die Farbgebung im Mittelpunkt. Sigi soll einmalig werden. Ein farbiges Musterkleid, das alle Freunde vor Neid erblassen bzw. noch mehr ergrauen lässt.

Bildmittel der Musterung sind „Punkt" und „Linie". Punkte können groß / klein, geballt / verstreut usw. sein. Linien können gerade, gewellt, gezackt, dick, dünn, kurz, lang, eng- / weitgeführt, positiv, negativ, offen und geschlossen sein. Sie können rhythmisch, parallel, symmetrisch, sich überschneidend, horizontal, vertikal und diagonal gezeichnet werden. Aus der Linie können Kreise, Vierecke, Dreiecke und andere Formen entstehen und diese zu Flächen ausgefüllt werden.

Lassen Sie die Kinder an der Tafel verschiedene Punkte, Linien, Flächen gestalten, damit sie sich von den „Allerwelts"-Lösungen geistig trennen und das Repertoire der Möglichkeiten für sich ausschöpfen lernen. Das auf der Abbildung gezeigte gepunktete Streifenmuster ist ganz nett, aber noch lange nicht das Ende der Möglichkeiten.

Wichtig ist,

a) dass die Kinder einen Rapport (ein Muster) entwickeln, den sie sauber und ausdauernd wiederholen und

b) dass sich die Musterfarben von den gewählten Grundierungsfarben abheben (Stichwort: „Kontrastfarben").

3. Bäume

Auch die Vegetation in Sigis Traum hält mit der Verschönerungskur des Dinos mit: Baumstämme sind zweifarbig und gemustert, Baumkronen haben neuartige Formen.

Die Baumkronen erhalten mit einer dunkleren Nachbarfarbe einen zusätzlichen Farbeffekt (grün-dunkelgrün, orange-rot). Das alles entsteht auf einem dritten Blatt.

Wichtig ist, dass sich die Farben der Pflanzen von den Hintergrundfarben (Blau – Grün – Gelb) absetzen. Das bedeutet vor allem eine Farbwahl im Bereich Violett – Rot – Orange.

4. Anordnung der Motive

Die interessante Raumwirkung des „Vorne-Hinten" wird durch einen einfachen Trick erzeugt. Die einzelnen Motivteile werden ausgeschnitten und sich überschneidend auf dem Bild arrangiert. Das hat eine verblüffende Wirkung.

5. Konturen

Auch bei größter Malscherei und einigen Mal- und Farbfehlern wird mit dem letzten Schritt das Bild zum „Meisterwerk": Mit einem schwarzen Filzstift werden die Umrisslinien der Motive nachgezogen. Jedes Bildelement kommt nun sauber und deutlich zur Geltung und drängt „Verpinseleien" in den Hintergrund.

Zusätzliche Aufgaben für schnell arbeitende Schülerinnen und Schüler

1. Einmal mehr bietet sich hier das Modellieren an. Aus Knete, Modelliermasse, Ton, Pappmaschee lassen sich die tollsten „Ungeheuer" formen. Mit Kartons, Maschendraht und Kleister können sogar mannshohe Dinos entstehen (Kompetenzbereich „Räumliches Gestalten").
2. Etwas weniger aufregend für den Lehrer ist das Weiterentwickeln des Musterungsthemas. Gemustert werden kann zum Beispiel ein Schmuckrand für ein Blatt Briefpapier oder eine noch folgende Dinosauriergeschichte (Kompetenzbereich „Grafisches Gestalten").

Kunstbetrachtung

Max Ernst ist ein großer Meister der Gestaltung von Flächen mit grafischen Mitteln. Er erzeugte mittels der Frottagetechnik Flächen mit fantastischen Mustern, Strukturen und Oberflächenbeschaffenheiten (z. B. „Der Ausbrecher", 1926). Aber auch Alltagsgegenstände (z. B. Heimtextilien) bieten sich den Kindern zum Studium von Mustern und Ornamenten an (Kompetenzbereich „Auseinandersetzung mit Bildern und Objekten").

Ideenkiste für den fächerübergreifenden Unterricht: „Rund um die Dinosaurier"

Deutsch:

1. Die „Sigi"-Geschichte fortsetzen (s. Einstieg)
2. Dinosaurierwörter erfinden (mehrfach zusammengesetzte Nomen, z. B. Urzeitvulkan-ausbruchslärm) und als Lesewörter sammeln
3. Bücherausstellung zum Thema organisieren und Sachtexte lesen
4. Dino-Steckbriefe schreiben, Sachkartei „Urtiere" anlegen / Dinosaurier-Quiz schreiben
5. Klassenlektüre: „Hanno malt sich einen Drachen" von I. Korschunow, Deutscher Taschenbuch Verlag GmbH & Co. KG, Auswahlliste Deutscher Jugendliteraturpreis (3. Schuljahr)
6. Literaturprojekt zu „Im Tal der Dinosaurier", BVK Buch Verlag Kempen, Kempen

Sachunterricht:

1. „Wann lebten die Dinosaurier? („Lebenslauf" der Erde: u. a. Jura- und Kreidezeit im Erdmittelalter vor ca. 200 Millionen Jahren)
2. Wer waren die ersten Dinosaurier?
3. Wie unterscheiden sich die Dinosaurier? (u. a. Erd-, Wasser-, Luftsaurier, Fleischfresser und Pflanzenfresser)
4. Wie lebten die Dinosaurier? (Fortpflanzung, Ernährung, Verteidigung etc.)
5. Warum gibt es heute keine Dinosaurier mehr? (Gründe für das Aussterben)
6. Woher wissen wir so viel über Dinosaurier? (Versteinerungen, Ausgrabungen, Arbeit der Wissenschaftler)
7. Lernwerkstatt Dinosaurier, BVK Buch Verlag Kempen, Kempen

Musik:

1. „Dinos stampfen durch den Sand" von B. Cratzius / L. Edelkötter (aus: „Die Dino-bande", Impulse Musikverlag, Drensteinfurt)
2. „Der Dinosaurier Dino" von R. Krenzer / D. Jöcker (aus: „Lieber Herbst und lieber Winter", Menschenkinder Verlag, Münster)
3. Klanggeschichte und Bewegungsspiel erfinden „Die Dinosaurier kommen" (schwerfällig bewegen – Pauken / dumpfe Geräusche, Hälse schwenken – Windgeräusche mit dem Mund – Blätter fressen – Rascheln mit Papier etc.)
4. „Wenn ein Drache Schnupfen hat" von Rudi Gall (s. auch *www.youtube.com*)

Fremdsprachlicher Unterricht:

Bewegungsspiel „Sigi" (auch als Beruhigungsspiel nach der Pause geeignet)

Sigi

Sigi stamps with his big feet.	(stampfen)
He has a long neck	(Hals schwenken)
and a big belly.	(Bauch reiben)
In his large mouth	(Mund weit öffnen)
are the leaves of a tree.	(kauen)
Now he is tired.	(gähnen)
Sigi falls asleep	(hinlegen / Kopf auf die Arme legen)

and has a wonderful dream.

(D. Krebs)

Schmökerzeit: Die Perle

BVK PA03 • Doris Krebs: Kunstprojekte zur Klassenraumgestaltung, Band II: Winter und Frühling

Sachunterrichts- und Deutschthemen
• Buch • Freundschaft • Soziales Verhalten
• Gefühle (Neid)

Zeit	4–5 Unterrichtsstunden
Material	Deckfarben, Zeichenblock DIN A3
Kompetenzen	**Experimentelles und zielgerichtetes grafisches Gestalten** • Gestalten von Bildzeichen („Biber", „Uferlandschaft" etc.) • Erproben eines einfachen Druckverfahrens (Faltdrucktechnik / Abklatschverfahren) • Gestalten einer bildnerischen Ordnung durch Spiegelung • Reflektieren über Begriffe wie „Symmetrie", „Spiegeln", „Spiegelachse" etc. **Zielgerichtetes farbiges Gestalten** • Akzentuieren von Farbflächen mittels differenzierter Farbnuancen

Einstieg

Mit diesem Bildthema verknüpft sich ein wundervolles Bilderbuch von Helme Heine: „Die Perle" (Verlagsgruppe Beltz, Weinheim, Europäischer Jugendbuchpreis). Es erzählt die Geschichte von einem kleinen Biber und seinem Schatz.

Die Geschichte beginnt damit, dass der kleine Biber Biba eine Flussperlmuschel findet. Sie ist eine richtige Schatztruhe, denn Biba ist davon überzeugt, dass in der Muschel eine Perle ist. Schließlich heißt sie auch so. Glücklich fängt Biba an zu träumen. Im Traum rudert er mit seinem Boot über den See zu seinen Freunden.

Die Freunde bestaunen die Perle und werden neidisch. Eine große Schatzsuche beginnt.

Darüber geraten alle Tiere in Streit, der Staudamm wird zerstört, der See läuft leer und der Wald wird vom Wachfeuer erfasst. Das Feuer frisst alles und alle auf.

Der kleine Biber erwacht entsetzt von seinem Traum. Das will er nicht. Er wirft die ungeöffnete Muschel im hohen Bogen in den See. Erleichtert und zufrieden schwimmt er zu seinen Freunden, die schon auf ihn warten.

Methodische Anleitungen / Bildaufbau

1. Hintergrund

Bevor die Kinder den Pinsel zur Hand nehmen, müssen sie erst einmal das Blatt in der Mitte falten. Durch das Falten ist das Blatt nun mit einem waagerechten Knick versehen. So entsteht etwas unterhalb der Bildmitte eine waagerechte „Standlinie" für den kleinen Biber und die Uferlandschaft. Anschließend legen die Kinder die Haupthintergrundtönung an: das zarte Himmelblau.

Zur „Standlinie" hin tragen die Schülerinnen und Schüler jeweils vom oberen Bildrand und vom unteren Bildrand aus einen kleinen Hauch wässrige blaue Farbe auf das angefeuchtete Papier. Dazu kann man gut einen kleinen Schwamm verwenden. Trocknen lassen.

2. Motivgestaltung

Zentrales Bildproblem dieses Themas ist das Spiegeln mehrerer Motive auf einer waagerecht verlaufenden Spiegelachse (= „Standlinie"). Dabei sollte das Spiegelbild zudem den leicht unklaren Effekt eines Wasserspiegelbildes wiedergeben. Das erreichen die Kinder mit einem ganz einfachen Trick, den schon Erstklässler schnell beherrschen.

Damit die kleinen Künstler einen optischen „Halt" im Bild bekommen, beginnen sie mit dem braunen Ufer (Steine, Erde, Fels). Das Spiegelbild im Wasser entsteht nun ganz einfach: Das Blatt mit der noch feuchten (!) Farbe wird entlang der Knicklinie gefalten und angedrückt. So gelingt ein gespiegelter Abdruck in „Wasser-spiegelbild"-Qualität. Nun wird der Sandhügel gemalt. Wieder falten und andrücken. Dann kommt der Biber an die Reihe.

Bauch mit einem hellen Braun malen, knicken, Kopf malen, knicken, Schwanz malen, knicken. Damit der Biber nicht zu langweilig wird, erhält er noch eine dunkelbraune Fell-Strichelung, knicken. Auf diese Weise werden nun auch der Baumstamm, die Büsche, das Schilf, die Blumen, die Schmetterlinge und das, wozu die Kinder sonst noch so Lust haben, gemalt und spiegelverkehrt abgedruckt. Alle Motivele-mente sollten innerhalb ihrer Farbfamilie helle und dunkle Töne auf ihren Farbflächen erhalten. Das heißt, dass der braune Baumstamm hellbraune, mittelbraune, dunkelbraune und auch grünbraune Farbpartien bekommen kann. Die Blätter schimmern in einem Hellgrün, Dunkelgrün, Braungrün und Blaugrün.

Je zügiger der kleine Künstler malt, umso feuchter ist die Farbe vor dem Abdrucken und umso deut-licher ist der Abdruck. Langsamere Maler können aber den Abdruck noch mit dem Pinsel etwas nach-bearbeiten. Beim Nachbearbeiten ist natürlich wichtig, dass Größe, Form und Lage des Spiegelbildes dem „Gegenüber" ähnlich sind.

3. Ausgestaltung

Schließlich kann das trockene Bild noch mit einigen Details bereichert werden. Blumen, Würmer, Vögel etc. Ganz wichtig ist natürlich das Gesicht des Bibers und die mit Deckweiß gemalte Perle um den Hals seines Spiegelbildes.

ⓩ Zusätzliche Aufgaben für schnell arbeitende Schülerinnen und Schüler

Bei dieser Geschichte dreht sich alles um den prächtigen Perlenschmuck. Diesen Gedanken greifen die Kinder bei der Zusatzaufgabe auf. Dazu bieten sich verschiedene Möglichkeiten an:

1. Eine zauberhafte Perlenkette kann sich jeder mit wenig Aufwand selbst herstellen. Aus Modelliermasse werden farbige „Würstchen" gedreht, in Scheiben geschnitten und diese zu Perlen für eine Kette oder einen Schlüsselanhänger geformt (Kompetenzbereich „Textiles Gestalten").
2. Mit kleinen und großen Perlen kann man prima weben. Lassen Sie die Kinder diese klassische „Indianertechnik" einmal selbst ausprobieren (Kompetenzbereich „Textiles Gestalten").
3. Perlen können aufgenäht werden. Zum Beispiel können sich die Kinder aus farbiger Pappe einen Baum gestalten und auf diesen (Perlen-)Früchte aufnähen. Pappe (anstelle von Stoff) kann man gut mit einer dicken Nadel durchstechen und an ihr etwas festnähen (Kompetenzbereich „Textiles Gestalten").
4. Rund um das Projektthema „Buch" bietet sich natürlich auch das Gestalten eines Lesezeichens an. Ein Stück Pappe kann zu einem Motiv (z. B. Maus, Schlange, Haus etc.) ausgeschnitten werden. Mit Wasserfarben wird das Motiv entsprechend eingefärbt. Der dünne, schwarze Filzstift gibt schließlich den letzten Schliff (Augen, Nase, Mund, Haare oder andere passende Details). Eine andere „klassische" Lösung für die Gestaltung eines Lesezeichens wäre das Bedrucken eines Stückes eingefärbter Pappe (Daumen-, Kartoffel-, Material-, Moosgummidruck etc.) (Kompetenzbereich „Farbiges Gestalten", „Grafisches Gestalten").

👓 Kunstbetrachtung

Auf dem Bild „Sternennacht über der Rhone" (1888) von Vincent van Gogh lässt sich bewundern, wie dieser interessante Künstler Spiegelungen auf einer Wasseroberfläche gestaltet hat. Gleiches gilt für „Pappeln an der Epte" (um 1900) von Claude Monet (Kompetenzbereich „Auseinandersetzung mit Bildern und Objekten").

BVK PA03 • Doris Krebs: Kunstprojekte zur Klassenraumgestaltung. Band II: Winter und Frühling

45

Ideenkiste für den fächerübergreifenden Unterricht: „Rund ums Buch"

Deutsch:

1. Bücherausstellung in der Klasse organisieren (z. B. Lieblingsbücher der Kinder)
2. Buch-Steckbrief / Buchempfehlung für die Klassenkameraden schreiben (Titel, Autor, Verlag, Buchart, Seitenzahl, Preis, Kurzinfo über den Inhalt, „Warum mir das Buch gefallen hat" etc.) und mit einer spannenden oder lustigen Buchszene illustrieren
3. Interview mit einem Buchautor vorbereiten (Fragesätze formulieren, Interview durchführen und auswerten)
4. Brief an einen Autor schreiben (Aufbau eines Briefes, Kritik und Lob sachlich formulieren)
5. Verschiedene Buchformen zur eigenen Textgestaltung ausprobieren (Leporello, Hinstellbuch: z. B. aufklappbares Haus mit einer „Hausgeschichte", Geschichten in der Streichholzschachtel, etc.)

6. Leserausweis / Büchereiformulare ausfüllen
7. Die deutschen Kinderbuch-Klassiker: Top-Ten der Klasse
8. Büchergedichte: „Meine Bücher" von J. Guggenmos oder „Vorlesen" von H. Seidel

Sachunterricht:

1. Wo finde ich schöne Geschichten? (Medien, unterscheiden: Fernsehen, Zeitung, Radio, Computer, Buch)
2. Wie entsteht ein Buch? (Von der Idee zum fertigen Buch: Autor, Manuskript, Illustrator, Verlag, Buchrücken etc.)
3. Was bedeutet …? (Fachbegriffe klären: Autor, Manuskript, Illustrator, Buchdeckel, Buchrücken, Bibliothek etc.)
4. Woher kommt das Papier? (vom Baum zum fertigen Buch: Papierherstellung)

5. Wo kann ich mir Bücher leihen? (Bücherei / Besuch einer Bücherei)
6. Wie unterscheiden sich Bücher? (Themengruppen, Funktion / Zweck, Schriften, Bücher in anderen Ländern, Bücher früher – heute, Blindenschriftbücher, digitale Bücher etc.)
7. Womit kann ich schreiben? (Schreibwerkzeuge früher – heute: Papyrus, Tonscheiben, Pergament, Griffel, Bleistift, Feder, Füller, PC etc.)
8. Wer war Johannes Gutenberg (die Schwarze Kunst, Buchstabenkunst, Kartoffeldruck)

Musik:

1. Buchauszug vertonen und mit Geräuschen unterlegen (Orff- oder Körperinstrumente)
2. „Die Büchermaus" von Rolf Zuckowski (aus: „Rolfs Liederbüchermaus", Polydor, Hamburg)
3. „Alle Kinder lernen lesen" (Text mit vielen Strophen, s. *www.skg-forum.de/lieder/lied018.htm*)

Fremdsprachlicher Unterricht:

1. Begriffe: book, paper, page, number etc.
2. Reim „My book"

My book

This is my book
come and have a look.
It is very nice
I read it twice.
The story creates
pictures in your mind.
Enjoy and dream
of it at night.

(D. Krebs / J. Stapels)

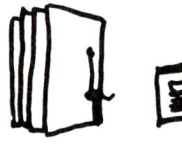

Der Frühling kommt

Zeit	4–6 Unterrichtsstunden
Material	Deckfarben, Zeichenblock DIN A3, Schere, Klebstoff, Abstandhalter, zum Beispiel Wellpappe, Kronkorken etc. Nach Wahl: schwarzer Filzstift
Kompetenzen	**Experimentelles und zielgerichtetes farbiges Gestalten** • Erproben von Farbmischungen und Differenzieren der Farben Violett und Gelb • Reflektieren zu und gezieltes Einsetzen von Farbkontrasten (u. a. Gelb-Violett-Kontrast) **Experimentelles und zielgerichtetes grafisches Gestalten** • Gestalten des Bildzeichens „Tulpe" • Ein- und Zuordnen der Bildelemente • Darstellen einer räumlichen Beziehung (Vordergrund–Hintergrund) durch Überschneidung und Verwendung von Abstandhaltern

Einstieg

Der Frühling bringt die ersten Blumen. Vor allem ein Frühblüher wie die Tulpe erfreut sich größter Popularität. Holen Sie sich ein paar Tulpen in das Klassenzimmer. So kann der „Maler" Frühling gründlich sein Werk verrichten und den grauen Wintermuff aus Landschaft und Räumen verbannen.

Welches Gedicht könnte wohl passender in das Bildthema einführen als das allen Kollegen bekannte Gedicht von Josef Guggenmos „Die Tulpe". Mit diesem Gedicht stellt man sich das Erwachen der Tulpe aus dem Winterschlaf nicht nur vor, sondern kann es auch prima miterleben. Die Kinder „wachsen" von einer „zusammengerollten" Knolle hoch bis zu einer „ausgestreckten" ausgewachsenen Tulpe, die sich der Sonne entgegenreckt.

Das Bild ist im Grunde so einfach, dass Sie es ohne Probleme schon im ersten Schuljahr für Ihre Kinder wählen können. Das Motiv besteht aus schlichten Grundformen. Der besondere Pfiff entsteht durch kleine Tricks. Zum einen werden die großen Farbflächen noch mit ihren Nachbarfarben etwas akzentuiert und können nach Wunsch abschließend durch ein Einfassen mit dem schwarzen Filzstift hervorgehoben werden. Zum anderen werden einige Motive auf Abstandhalter geklebt. Das bewirkt einen dreidimensionalen Effekt und lässt dieses einfache Bild zu einem „Hingucker" werden.

Methodische Anleitungen / Bildaufbau

1. Tulpen

Zuerst gestalten die Kinder die Tulpen. Wir sind in unserer Vorstellung in einem Tulpenfeld gelandet, auf dem die „Königstulpen" wachsen. Das sind prächtige, violettfarbene Pflanzen, die nur auf gelbgoldener Erde wachsen. Die Blumen blühen in verschiedenen Violetttönen. Dazu muss man ausprobieren, wie die Farbe Violett entsteht. Welche beiden Mutterpflanzen hat der pfiffige Blumenzüchter wohl gekreuzt? Natürlich rote und blaue Tulpen. Die neuen Blumenkinder zeichnen sich durch die unterschiedlichsten Violettfärbungen aus. Jeder Pflanze kann man aber noch ansehen, dass sie mit den anderen verwandt ist, dass zum Beispiel die hellviolette Tulpe noch Spuren von Dunkelviolett an ihren Blütenblatträndern hat. Dadurch schimmert jede einzelne Blume interessant und ist toll anzusehen.

2. Hintergrund

Der Hintergrund wird in Gelb-Orange-Tönen angelegt. Die Kinder sollen sich nicht auf einen Gelbton beschränken, sondern die Gelbpalette für ihr Bild nutzen. Das gibt auch dem Hintergrund räumliche Tiefe und einen plastischen Effekt. Erst, wenn das Bild „trocken" ist, kann man (nach Wunsch) die Motive mit einem schwarzen Filzstift umranden und dadurch wunderbar hervorheben und zur Geltung bringen. Auf diesen Arbeitsschritt kann aber auch bei klar gemalten Bildern verzichtet werden (s. Abbildung). Die Trockenzeit überbrückt man mit dem nächsten Arbeitsschritt:

3. Extratulpen und Fertigstellung

Einige Pflanzen werden separat gemalt. Nach dem Trocknen werden sie ausgeschnitten und auf Abstandhaltern auf dem Gemälde angeordnet und aufgeklebt. Eine Möglichkeit, schnell und günstig an Abstandhalter zu kommen, ist folgende: Sie rollen ein (altes) DIN-A4-Blatt an der langen Kante auf, kleben die Schlusskante mit Klebstoff an die entstandene Rolle und schneiden diese in Scheiben oder entsprechend lange Zylinder. Wenn alle Kunstwerke an der Klassenwand hängen, erleben sie eine herrliche „Augenwanderung" durch ein prächtiges Tulpenfeld. Betrachten Sie das Ergebnis gemeinsam mit den Kindern und lassen Sie „die Seele baumeln". Viel Spaß!

 Zusätzliche Aufgaben für schnell arbeitende Schülerinnen und Schüler

1. Hier bietet es sich wie bei dem „Erdbeer"-Bild (Projekt Nr. 14) an, die übrigen Kontrastpaare einmal zu Studienzwecken zu malen: Rote Tulpen auf grünem Grund, orangfarbene Tulpen auf blauem Grund (oder umgekehrt). Natürlich sollte spätestens an dieser Stelle der Ittenschen Farbkreis ins Gespräch gebracht werden (s. u. a. Projekt Nr. 4) und Seite 24 (Kompetenzbereich „Farbiges Getalten").
2. Tulpenmotive mit Lackfarben auf Blumentöpfe malen. Später können diese mit Tulpenzwiebeln für das Klassenfenster (oder zu Muttertag) bepflanzt werden (Kompetenzbereich „Farbiges Getalten").

 Kunstbetrachtung

Wie der Künstler Pierre Auguste Renoir Tulpen auf seinen Bildern angeordnet hat, lässt sich auf den Gemälden „Tulpen in einer Vase" (1888–89) oder „Tulpenstrauß in weißer Vase" beobachten. Überschneidungslösungen in Perfektion zeigt das Blumenbild von van Gogh „Iris" (1889).
Ein Beispiel für das Spiel mit Farbkontrasten findet man bei August Macke (z. B. „Türkisches Café II", 1914) (Kompetenzbereich „Auseinandersetzung mit Bildern und Objekten").

 Ideenkiste für den fächerübergreifenden Unterricht: „Rund um den Frühling"

Deutsch:

1. Frühlingscluster – Frühlingsgeschichte
   (Clusterbeispiel s. S. 50)
2. Freies Dichten und Schreiben rund um das
   Wort „F R Ü H L I N G" (s. S. 50)
3. Gedichte-Werkstatt:
   „Was der Frühling alles tun muss" von
   Frantisek Halas
   „Maler Frühling" von Hoffmann von Fallersleben
   „Frühling" von Ilse Kleberger
4. Bauernregeln (s. u. – und auch „Bauernregeln
   und Naturweisheiten Tag für Tag" von
   Franziska von Au, Cormoran Verlag, München)

Musik:

1. Stilleübung auf einer Frühlingswiese:
   im Gras liegen und hören, riechen, fühlen
2. „Es tönen die Lieder, der Frühling kehrt
   wieder" – volkstümlicher Kanon
3. „Alle Vögel sind schon da" / „Im Märzen
   der Bauer" – volkstümlich
4. „Frühlingskonzert" I. und L. Edelkötter
   (aus: „Wenn die Frühlingssonne kommt",
   Impulse Musikverlag, Drensteinfurt)

Bauernregeln:

„Wenn die Drossel schreit,
ist der Lenz nicht mehr weit."

„Im Frühjahr Spinnweben auf dem Feld
gibt einen schwülen Sommer."

Sachunterricht:

Frühling erleben

Frühling sehen	Frühblüher (Narzisse, Krokus, Blaustern, Tulpe, Hyazinthe), Blumenzwiebel einpflanzen und beobachten, Tierkinder, Vogeleier in den Nestern, Insekten, neuer Haus- und Gartenputz und -schmuck
Frühling hören	Vogelstimmen, Rückkehr der Zugvögel, Bienen- und Hummelsummen, Kinder spielen wieder draußen
Frühling riechen	Blumen, Gras, Blätter erneuern sich
Frühling schmecken	Erste Ernte, etwas ganz Besonderes: Brennnesselsuppe und Gänseblümchensalat
Frühling fühlen	Sonne auf der Haut, warmes Pflaster zum Spielen im Sitzen, warmer Wind, weiches, junges Gras, Insektenkrabbeln

Fremdsprachlicher Unterricht:

Bewegungsspiel: Zusammen mit einem Partner stellen die Kinder die einzelnen Textteile dar.

Spring

I see the flowers,
I hear the birds,
I smell the meadows,
I taste the strawberries
and I feel the sun on my skin.
Marvellous! What a nice season spring is!

(D. Krebs)

„Frühlings"-Dichten für das 1. / 2. Schuljahr:

F ARBE
R AUSLAUFEN
Ü BERMÜTIG
H ELLER
L IEBE
I NSEKTEN
N IESEN
G RAS

Erweitertes „Frühlings"-Dichten für das 3. / 4. Schuljahr:

Mit viel	**F** ARBE	hält der Frühling in unserem Garten Einzug.
Endlich können wir	**R** AUSLAUFEN	und
wieder	**Ü** BERMÜTIG	herumtollen.
Abends ist es noch länger	**H** ELL.	
Ich	**L** IEBE	alle Tiere, die nun erwachen oder zurückgeflogen
kommen. Auch	**I** NSEKTEN	und Bienen machen sich wieder bemerkbar.
Leider auch wieder mein	**N** IESEN,	
wenn ich durch das	**G** RAS	laufe und die Pollen fröhlich um mich
herumfliegen.		

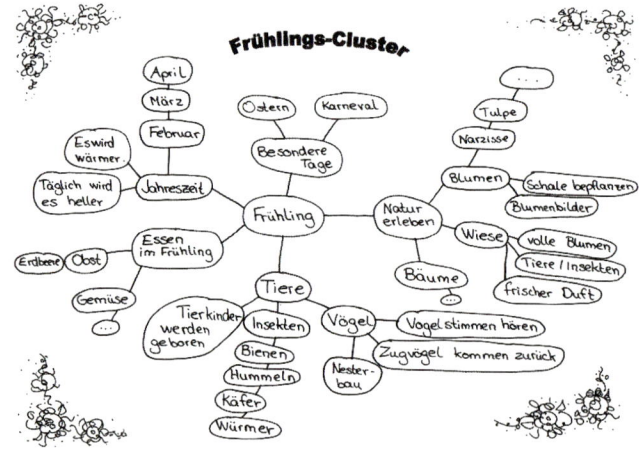

Frühlings-Cluster

Vogelküken auf der Wiese

Zeit	5 – 6 Unterrichtsstunden
Material	Deckfarben, Zeichenblock DIN A3, Schere, Klebstoff Nach Wahl: Küchenpapier, schwarzer Filzstift
Kompetenzen	**Experimentelles und zielgerichtetes farbiges Gestalten** • Erproben von Farbmaterialien durch Aufhellen der Farbe Blau (Hintergrund) • Mischen neuer Farbtöne (Differenzierung der Farben Orange und Grün) • Reflektieren über Farbkontraste (Rot-Grün-Kontrast) **Experimentelles und zielgerichtetes grafisches Gestalten** • Erproben eines einfachen Druckverfahrens (Fingerdruck) • Ein- und Zuordnen von Bildzeichen (Figur-Grund-Bezug, Vorne – Hinten, Beziehungen der Tiere untereinander) • Erproben grafischer Mittel zur Ausgestaltung des Bildes

Einstieg

„Pick, pick, pick, so macht das Huhn, es hat heute viel zu tun …"

Mit diesem Fingerspiellied von D. Jöcker (aus: „Ich bin der kleine Zappelmann", Menschenkinder Verlag, Münster) lässt sich das Thema wunderbar im Kunstunterricht mit den jüngeren Kindern einführen.

Viele kleine Küken suchen auf der Wiese nach Futter. Das ist mit einem fröhlichen Piepen, Picken und Tapsen verbunden. Dass die kleinen Piepmätzchen dabei auf ein Möhrenfeld geraten sind, haben sie erst bemerkt, als sie schon voller orangeroter Flecken und Sprenkel sind. „Macht nichts", sagt die Hühnermama. „Jetzt kann ich euch wenigstens schon von weitem von den anderen Kükenkindern unterscheiden." …

Dieses Bildthema können Sie toll im ersten Schuljahr einsetzen. Es baut sich aus fünf einfachen Schritten auf und überfordert auch den unerfahrensten kleinen Künstler nicht. Zudem bringt es herrlich viel Farbe in den Klassenraum und hat eine tolle Fernwirkung als Gruppenausstellung.

Methodische Anleitungen / Bildaufbau

1. Hintergrund: Himmel

Zuerst beginnen die Kinder mit dem Himmelhintergrund. Mit etwas Küchenpapier (oder einem dicken Pinsel) wird das Zeichenpapier angefeuchtet. Mit dem gleichen Stück Papier können die kleinen Maler etwas blaue Farbe aus dem Deckfarbenkasten aufnehmen und auf das Malpapier aufstreichen. Wenig Farbe reicht schon völlig für eine sanfte Hellblaufärbung aus. Trocknen lassen.

2. Küken: Fingerdruck

Nun kommen die Küken an die Reihe. Sie werden auf einem separaten Blatt gemalt. Entweder entwerfen die Kinder ihre eigenen Figuren oder nehmen wie auf dem abgedruckten Bild die Kopiervorlage (s. S. 55) zu Hilfe. Jetzt darf „gematscht" werden. Mit den Fingern wird die gelbe und rote Farbe im Deckfarbenkasten angerührt und auf die Figuren getupft bzw. gedruckt. Darüber hinaus sollen verschiedene Orangetöne gemischt werden. Mit dem noch etwas roten Finger kann man zum Beispiel direkt im gelben Farbtopf ein schönes Orange anrühren. Wenn man gleich anschließend noch einmal im gelben Farbtopf herumrührt, entsteht beim Weitermischen ein immer gelber werdendes Orange. Zurück mit dem Finger im Rottopf wird die gemischte Farbe dann ein entsprechend rotes Orange werden. Ohne großes Dazutun entwickelt sich auf diese Weise die gesamte Orangepalette auf den kleinen Küken. Möchte man eine eher aquarelle Farbwirkung auf dem Kükenfederkleid bewirken, kann man auch vor dem ersten Druck die Kükenkinder anfeuchten und dann bedrucken. Die Farben laufen automatisch ineinander und erzeugen neue, reizvolle Mischtöne. Die Küken trocknen lassen und dann erst ausschneiden.

3. Hintergrund: Wiese

Während die Küken trocknen, nehmen wir uns wieder den Hintergrund vor, der mittler-weile trocken sein dürfte. Jetzt werden viele Grüntöne gemischt und mit (nach Möglichkeit) lockerer Pinselführung von unten nach oben in breiten geschwungenen Linien auf das Hintergrundpapier aufgetragen. So entsteht eine tolle Wiese (... oder ein Möhrenfeld). Die verschiedenen Grüntöne bewirken einen plastischen Effekt und eine interessante Wirkung. Wer diese etwas steigern möchte, kann in die noch nasse dunkel-grüne Farbe etwas Gelb und in die noch nasse hellgrüne Farbe etwas Braun streichen. Trocknen lassen.

4. Küken: Anordnung

Schließlich werden die trockenen Küken ausgeschnitten und auf die Wiese geklebt. Sie werden dabei so arrangiert, dass sie zueinander in Beziehung stehen. Diese Bildkomposition kann man mit den aus-geschnittenen Figuren prima ausprobieren. Erst wenn alle Figuren angeordnet sind, darf der Kleber geöffnet werden.

5. Ausgestaltung

Schließlich umranden die Kinder die Motive mit schwarzem Filzstift und differenzieren den Hinter-grund mit zusätzlichen Bildelementen aus. Das erzeugt letztendlich den Pfiff im Bild und macht es richtig interessant.

Zusätzliche Aufgaben für schnell arbeitende Schülerinnen und Schüler

1. Hier bekommt ein „textiler Klassiker" seinen großen Auftritt: Pompom-Küken. Heraus mit der gelben (orangen, roten ...) Wolle, Pompomscheiben geschnitten und losgewickelt. Verziert mit einem Pappschnabel und Pfeifenputzer- (oder Papp-) Füßen sehen sie richtig niedlich aus (Kompetenzbereich „Textiles Gestalten").
2. Ein weiterer „Dauerrenner" sind in der österlichen Zeit die sogenannten Eierköpfe. Ausgeblasene oder hartgekochte Eier verwandeln sich in Indianerköpfe, Küken, Osterhasen etc. (Kompetenzbereich „Räumliches Gestalten").

Kunstbetrachtung

Interessante Bildbeispiele zum Thema Farbkontraste findet man zum Beispiel bei Malern wie Franz Marc („Rote Rehe II", 1912), Wassily Kandinsky („Gelber Kreis", 1926) oder Joan Miro (z. B. „Das Gold des Azurs", 1967) (Kompetenzbereich „Auseinandersetzung mit Bildern und Objekten").

Ideenkiste für den fächerübergreifenden Unterricht: „Rund um Ostern"

Deutsch:

1. Ostergedicht: „Das Oster-Abc" von James Krüss
2. Fantasiegeschichten um Ostern („Plötzlich stand ich vor einem riesengroßen Osterei ...")
3. Rezepte aufschreiben („Osterhasenbrot", „Ostereiersalat", „Möhrensuppe")
4. Bastelanleitungen aufschreiben (Ostereier-Köpfe gestalten, Osterkörbchen etc.)
5. Ostergrüße – Osterbriefe schreiben und verschicken
6. Gemeinsam ein Osterfrühstück planen, vorbereiten, durchführen (Wünsche auf schreiben, Aufgabenlisten erstellen, Aufgabenverteilung besprechen etc.)

„Himmel und Hölle" Osterkörbchen

Hasenbrot

Sachunterricht:

Rund ums Osterei

1. Was ist ein Ei? Wie entsteht ein Ei? Wer legt Eier? Wie viele Eier legen die entsprechenden Tiere?
2. Wissenswertes rund ums Ei:
   • Form und Gewicht (Das Ei – ein Ovaloid, Belastbarkeit der Form, Eier mit verschiedenen Größen und Gewichten)
   • Harte Schale – weicher Kern (Eischale, Hagelschnüre, Luftkammer, Schalenhaut, Dotter, Eiklar, Dotterhaut, Keimscheibe)
3. Was ist drin im Ei? (Proteine, Wasser, Fett, Kohlenhydrate, Mineralien, Vitamine, Cholesterin)
4. Wie kann das Ei zur gesunden Ernährung beitragen?

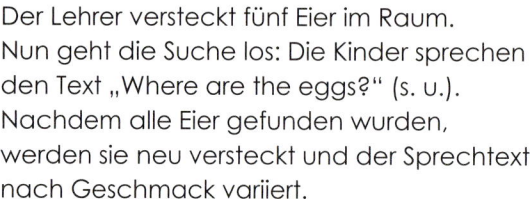

5. Woher kommt mein Frühstücksei? Von der Henne zum Verbraucher (alt oder frisch, Güteklassen, Freiland- / Bodenhaltung / Legefabriken, Salmonellen)
6. Warum bringt der Osterhase bunte Eier? Das Osterei – Rund ums Brauchtum (Symbol, Bräuche, Spiele, Basteleien, rund ums Ei)

Musik:

1. „Stups, der kleine Osterhase" von R. Zuckowski (aus: „Meine Mami, mein Papi und ich", Polydor)
2. „Osterhäschen, komm ganz schnell" von D. Jöcker (aus: „Ich bin der kleine Zappelmann", Menschenkinder Verlag, Münster)
3. „Osterhasenlied" von J. Richter / L. Edelkötter (aus: „Wenn die Frühlingssonne lacht", Impulse Musikverlag, Drensteinfurt)
4. „Das kleine Küken piept" von Pulcino Pio u. a., anzusehen bei www.youtube.com und Text unter www.songtextemania.com

Rund um den Osterhasen:

1. Feldhase – Stallhase – Kaninchen – Pikas – „Osterhase"?
2. Ernährung, Wohnort, Lebensgewohnheiten
3. Schutz (Tarnung, Rundsicht, Hör- und Geruchssinn, Hakenschlag)
4. Feinde (andere Tiere, Menschen, Maschinen)
5. „Hasensprüche" („Ein alter Hase", „Ein falscher Hase", „Angsthase", „Da liegt der Hase im Pfeffer", „Wo sich Fuchs und Hase gute Nacht sagen" etc.)

Fremdsprachlicher Unterricht:

1. Zählvers „One, two, three" (s. u.)
2. Versteckspiel (Lagewörter): Der Lehrer versteckt fünf Eier im Raum. Nun geht die Suche los: Die Kinder sprechen den Text „Where are the eggs?" (s. u.). Nachdem alle Eier gefunden wurden, werden sie neu versteckt und der Sprechtext nach Geschmack variiert.

One, two, three, four, five,
I catch a little bunny alive.
Six, seven, eight, nine, ten,
but I let it go again.
(D. Krebs)

Where are the eggs?
The first egg is under the table.
The second egg is behind the blackboard.
The third egg is in the cupboard.
The fourth egg is on the chair.
The fifth egg is on the left (right) side of the dustbin.
(D. Krebs)

Bitte entsprechend vergrößern! (141%)

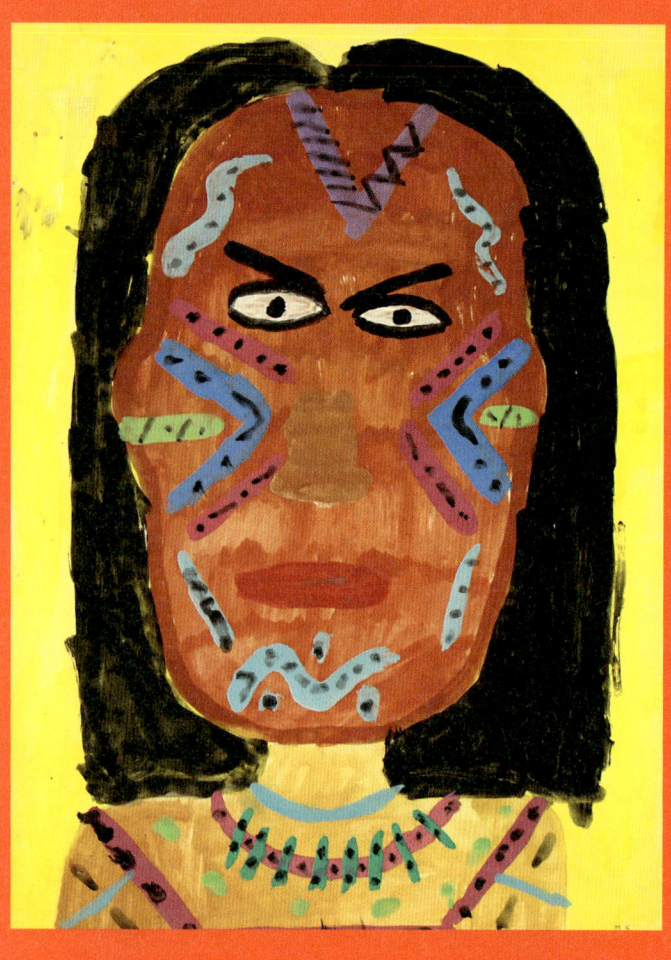

Huk, der finstere Indiander

BVK PA03 • Doris Krebs: Kunstprojekte zur Klassenraumgestaltung, Band II: Winter und Frühling

Sachunterrichts- und Deutschthemen
• Indianer • Aus aller Welt • Karneval

Zeit	4–5 Unterrichtsstunden
Material	Deckfarben, Zeichenblock DIN A3
Kompetenzen	**Zielgerichtetes grafisches Gestalten** • Gezieltes Einsetzen einer Umrisslinie zur Vorbereitung eines Gesichtsporträts • Erproben grafischer Mittel zur Gesichtsgestaltung (Mimik: Augen, Augenbrauen, Mund etc.) • Nutzen grafischer Mittel für die Gesichtsbemalung (Schmuck, symmetrische Muster, indianische Symbole) und die Verzierung der Bekleidung (Perlenschmuck, Federn) **Experimentelles und zielgerichtetes farbiges Gestalten** • Erproben einer Farbmischung für eine Indianerhautfarbe • Reflektieren über Farbwirkung und Farbkontraste zur Ermittlung einer passenden Hintergrundfarbe (Farbkontrast, Hell-Dunkel-Kontrast)

Einstieg

Der Postbote hat einen Brief für Ihre Klasse gebracht. Er ist mit geheimnisvollen Zeichen versehen. Absender ist Freddi, die Farbenmaus. Merkwürdig! Keiner kennt Freddi. Es darf erst einmal spekuliert werden, wer das wohl sein kann. Ach ja! Da steht in der Ecke noch etwas. Es ist ganz klein geschrieben: „Brief erst in der Kunststunde öffnen!" Nun, dann muss er erst noch einmal liegenbleiben. Die Spannung steigt.
Endlich beginnt die Kunststunde. Die Kinder sitzen vor ihren Zeichenblöcken. Der Deckfarbenkasten ist startbereit. Der Brief kann vorgelesen werden:

„Liebe Kinder der Klasse ...! Ich bin Freddi, die Farbenmaus. Eigentlich müsste ich Freddi, die Reise-Farbenmaus heißen, da ich gerne male und reise. Wenn ich unterwegs bin, schicke ich Kindern, die auch so gerne malen wie ich, Briefe. Briefe mit Malideen, die ich unterwegs finde.
Vor ein paar Tagen bin ich in Amerika gelandet. Nachdem ich einige Zeit herumgeirrt bin, stand ich gestern vor einem Indianerdorf. Stellt euch das einmal vor. Ein richtiges Indianerdorf. Ich nix wie hin und hinein. Einige Indianer saßen vor ihren spitzen Zelten. Andere liefen mit Pferden durch die spielenden Kinder. Plötzlich wurde es unruhig. Alle Indianer schauten auf ein besonders prächtiges Zelt. Aus diesem Zelt trat eine eindrucksvolle Erscheinung: der Häuptling. Erschrocken verkroch ich mich hinter einem Baum. Er sah ernst und würdevoll aus. Auch die anderen Indianer haben wohl den gleichen Respekt wie ich empfunden, denn es wurde sofort mucksmäuschenstill im Dorf. Dann begann der Häuptling mit lauter, ruhiger Stimme zu sprechen. Schade, dass ich kein Wort verstehen konnte. Aber ich hatte Zeit genug, ihn genau zu betrachten:
Sicher hatte er sein Kriegsgewand angelegt. Aber am meisten hat mich sein Gesicht fasziniert. Es war oval, fast rechteckig mit leicht hervorstehenden Backenknochen und markantem (eckigem) Kinn. Seine Nase war eher lang und in Augenhöhe etwas buckelig. Der Indianerhäuptling hatte schmale Augen und einen stechenden Blick. Seine Augenbrauen waren innen schräg nach unten gerichtet, sodass man meinen könnte, er wäre sehr böse. Sein Mund war schmal. Wenn er zwischendurch schwieg, erschien der Mund wie ein gerader Strich. Sein ganzes Gesicht war sorgfältig mit leuchtenden Farben geschminkt.

Die kunstvolle Bemalung zeigte geheimnisvolle Symbole, symmetrische Zeichen und Muster. Sie waren auf beiden Gesichtshälften gleich, das heißt, die linke Hälfte war genauso wie seine rechte bemalt. Die Bemalung erstreckte sich von der Stirn über die Schläfen zu den Wangen bis zum Kinn. In seine pechschwarzen Haare waren kostbare Perlen geflochten. Natürlich trug er auch einen wunderschönen Federschmuck mit vielen farbigen Federn. Auch um den Hals befand sich ein prächtiger Schmuck aus naturgefärbten Lederriemen mit Perlen, Bärenkrallen und Federn.

Plötzlich wurde ich aus meinen Betrachtungen gerissen, denn die Indianermänner sprangen auf ihre Pferde und jagten davon. Die Indianerfrauen sahen mich und nahmen mich freundlich auf. Wo denn bloß die Männer hingeritten waren? Ich erfuhr es nicht. Aber eines habe ich sofort gemacht: Ich habe meinen Pinsel aus meinem Rucksack geholt und angefangen, das, was ich von dem prächtigen Häuptling gesehen habe, zu malen. Ich lasse ihm sein Porträt hier, denn morgen geht es für mich weiter. Was ist mit euch? Habt ihr auch Lust, einen Indianerhäuptling zu malen? Dann nichts wie ran! Viele liebe Grüße sendet euch euer Freddi."

Jetzt könnten die Kinder direkt starten. Wer nach Freddis Beschreibung aber noch einmal ein paar Bilder von richtigen Indianerhäuptlingen sehen bzw. zeigen möchte, sei sehr dazu ermutigt. Dazu kann man aus entsprechenden Büchern Folienkopien abziehen und für alle Kinder auf einen Overhead-Projektor legen. Wenn Sie sowieso mitten im Indianerthema stecken, kann eine Indianerbüchersammlung helfen, jedem Kind eine Darstellung zur Verfügung zu stellen.

Methodische Anleitungen / Bildaufbau

1. Kopfform

Der schwierigste Teil der Arbeit liegt darin, eine formatfüllende und passende Gesichtsumrisslinie auf das Papier zu bekommen. Am besten probieren die Kinder, mit einem nassen Pinsel die entsprechende Gesichtsform zu gestalten. So kann beliebig korrigiert werden, ohne das Bild zu verderben. Auch ist es möglich, einige Kinder einige Entwürfe der Gesichtsform an der Tafel probieren zu lassen. Die beobachtenden Kinder sehen schnell, worauf man beim Gesichtmalen achten muss: Nicht zu klein malen, eine oval-eckige Form mit leichten Ausbuchtungen für die Wangenknochen in der oberen Mitte anlegen etc. Steht die Gesichtsform, wird die Hautfarbe gemischt: beige mit braun und einem Hauch rot. Das ausgefüllte Gesicht muss erst trocknen.

2. Hintergrund

In dieser Zeit kann der Hintergrund angelegt werden. Zu den reichlich vewendeten warmen Farben passt besonders gut ein kräftiges Gelb.

3. Oberkörper

Im unteren Bereich des Blattes ist noch ein Stück Oberkörper zu sehen, es rundet das Porträt ab. Als Untergrundfarbe für die Oberbekleidung bietet sich die Farbe von naturbelassenem Leder an: beige.

4. Mimik

Auf dem trockenen Gesicht beginnt nun die Gestaltung der Mimik. Ein ernster, „kriegerischer" Eindruck wird mit ein paar wenigen Mitteln leicht erzielt: Die Augen sind schmal, der Augapfel mit Deckweiß hervorgehoben und die Pupillen mit tiefschwarzer Farbe aufgetragen. Die Augenbrauen tragen entscheidend zur Ausstrahlung bei. Machen Sie evtl. mit ihren Kindern das Tafelexperiment wie im Projekt Nr. 13 „Der Clown mit der besonderen Schleife" beschrieben.

Ein schmaler, gerader Mund wirkt ernsthaft und „entschlossen". Die Nase muss vorsichtig mit einem nassen Pinsel anskizziert werden, damit sie nicht zu groß, klein, dick, dünn etc. wird und den Häuptling evtl. „entstellt".

5. Ausgestaltung

Schließlich darf die sorgfältige Kriegsbemalung aufgelegt werden. Kräftige Farben werden in symetrischen Mustern und indianischen Symbolformen aufgetragen. Auf diesen wiederum finden sich noch zusätzliche Verzierungen und Ausschmückungen. Die pechschwarzen Haare werden über die Gesichts- und Hintergrundgrenze gemalt. Perlen- und Federschmuck ergänzen die beeindruckende Erscheinung. Natürlich wird auch der Kettenschmuck um den Hals zur Abrundung des Porträts aufwändig angelegt.

Ob der Häuptling stolz auf sein Bild sein würde? Wir werden es nicht erfahren. Aber ... vielleicht schreibt ja Freddi, die Farbenmaus, noch einmal. Oder er bekommt Antwortbriefe aus der Klasse.

Zusätzliche Aufgaben für schnell arbeitende Schülerinnen und Schüler

Alle Angebote ranken sich natürlich rund um die Indianer. Hier haben Sie wieder die Gelegenheit, das Stiefkind „Textilgestaltung" aus der Versenkung zu holen:

1. Perlenschmuck: Ketten können aufgezogen, Perlen zu einem Stirnband (Armbändern, Wampums (= Gürtel / Schärpe) verwebt, Perlen an ein Gewand genäht werden etc.
2. Mokkassins nähen
3. Kopfschmuck / Federschmuck (färben, nähen, sticken, annähen etc.)
4. Indianerdecke weben
5. Indianerbekleidung für eine Puppe nähen
6. Tipi aus Papier oder Stoffresten basteln oder nähen
7. Pfeil und Bogen (**Achtung:** Pfeile mit Korken oder Modelliermasse „entschärfen"), Köcher, Speer, Schild, Beil (aus fester Pappe!) basteln
8. Gesichtsbemalung
9. Medizinbeutel nähen
10. Medizinmann-Maske gestalten
11. Naturrassel, Trommel, Tonflöte bauen

Kunstbetrachtung

Bert Geer Phillips gestaltet 1912 mit seinem Bild „Der Elchjäger" einen indianischen Ureinwohner bei der Jagd. Neben Kleidung und Körperschmuck ist vor allem die Körperhaltung ein interessantes Gesprächsthema und eine weiterführende Auseinandersetzung zur Darstellung von Körpersprache in Form der zuvor dargestellten Mimik. Aber auch Fotos von Indianern, zum Beispiel das weltberühmte von „Sitting Bull" bzw. Tatanka-Yotanka eignen sich hervorragend zur Studie von Gesichtsform, Mimik, Kopfschmuck etc. (Kompetenzbereich „Auseinandersetzung mit Bildern und Objekten").

Ideenkiste für den fächerübergreifenden Unterricht: „Rund um Indianer"

Deutsch:

1. „Wir informieren uns über Indianer" – Methoden der Informationsbeschaffung kennen- und nutzen lernen (Bücherei, Zeitschriften, Fernsehen, Internet, Museen, Bücheraustausch untereinander etc.)
2. Indianerkartei oder -buch anlegen (die gesammelten Informationen austauschen, ordnen, zusammenfassen, aufschreiben, illustrieren etc.)
3. Sich unterhalten, ohne zu sprechen (Piktogramme, Zeichensprache, Körpersprache, Rauchzeichen, Morsezeichen)
4. Klassenlektüre: „Fliegender Stern" von U. Wölfel, CARLSEN Verlag GmbH „Sturmkind" von B. Bellingham, Elefanten Press „Spuren, die sich kreuzen" von E. Clarkson, Cecilie Dressler Verlag
5. Bastelanleitung „Ein eigenes Tipi bauen" aufschreiben

Sachunterricht:

1. Verschiedene Indianerstämme in Nordamerika (Cheyenne, Sioux, Comanchen, Blackfoot etc.), aber auch in Mexiko, Brasilien, Peru etc.
2. Jungen und Mädchen (Erziehung, Initiation, Heirat, Squawrolle)
3. Spiele der Indianer
4. Das Indianerdorf (Auf- und Abbau der Tipis etc.)
5. Ablauf des täglichen Lebens (Essen, Kleidung, Schmuck, Tiere allgemein, Feste, Ehe)
6. Indianer und Natur (Lebensquelle, Verehrung der Mutter Erde etc.)
7. Indianersprache (Körpersprache, Bildsprache, Rauchzeichensystem etc.)
8. Der Glaube (Götter, Totempfähle etc.)
9. Zwei besondere Männer: Häuptling und Schamane (= Medizinmann und „Priester")

BVK PAU3 • Doris Krebs: Kunstprojekte zur Klassenraumgestaltung, Band II: Winter und Frühling

10. Indianerpferde
11. Jagd, Waffen, Kämpfe (Pfeil und Bogen,
    Tomahawk, Marterpfahl, Kriegsbemalung,
    Skalp, Friedenspfeife)
12. Der Anfang vom Ende: Die Weißen kommen
    (Kolumbus, weiße Kolonien, Indianerkriege,
    Feuerwasser, Reservate etc.)

Musik:

1. Liedbegleitung mit selbst gebauten
   Trommeln und Rasseln
2. Rhythmische Übungen mit Natur-
   materialien (Steine, Hölzer, Zapfen)
3. Selbst entwickelter Indianertanz auf
   südamerikanischer Folkloremusik
4. Lieder von Indianern, Pferden, Mutter Erde
   und der Natur wie zum Beispiel:
   „Dicker Bär und Dünner Adler"
   von R. Krenzer / L. Edelkötter
   (aus: „Du, ich geh einfach auf dich zu",
   Impulse Musikverlag, Drensteinfurt)
5. „Der Indianer" von R. Krenzer,
   St. Janetzko
6. „Indianer" von H. Heinrichs / R. R. Klein
   (aus: „Willkommen, lieber Tag", Diesterweg
   Verlag, Frankfurt a. M.)

Fremdsprachlicher Unterricht:

1. Lied „Ten little Indians"
2. Spielvers „The Indian family" (s. u.)

The Indian family

The Indian father hunts buffalos.
The Indian mother puts up the tent.
The Indian boy learns to ride a horse.
The Indian girl learns to find the best berries.
And the indian baby ... plays with the dog.
(D. Krebs)

Internetseiten zum Thema „Indianer"

- *www.kidsnet.at* (Infokarten)
- *www.kindernetz.de* (Kurze Infos zu verschiedenen Themen werden vorgelesen)
- *www.indianer-leben.de* (Arbeitsblätter
  zum downloaden)
- *www.schulbilder.org* (Bildkarten und
  Malvorlagen)
- *www.kidsweb.de* (Indianer-Spezial mit
  Wissensquiz)

Der Clown mit der besonderen Schleife

Zeit	3–4 Unterrichtsstunden
Material	Deckfarben, Zeichenblock DIN A3, Seidenpapier o. Ä. Nach Wunsch: Effektpapiere, textile Materialien, schwarzer Filzstift
Kompetenzen	**Experimentelles und zielgerichtetes farbiges Gestalten** • Gliedern einer Fläche durch farbiges Gestalten („Gesicht", „Augen" etc.) • Erproben einer Farbmischung für ein Clown-„Make-up" und unterschiedlicher Wirkungen beim „Schminken" • Reflektieren über Farbwirkung und Farbkontraste zur Ermittlung einer passenden Hintergrundfarbe • Einsetzen farbiger Materialien (Seidenpapier / Stoff) zum Collagieren und Ausgestalten („Schleife") **Zielgerichtetes grafisches Gestalten** • Gezieltes Einsetzen einer Umrisslinie zur Vorbereitung eines Gesichtsporträts • Differenzieren des Porträts mit grafischen Mitteln, zum Beispiel grafische Möglichkeiten zur Darstellung von Gefühlen nutzen (z. B. Augenbrauenlinie)

Einstieg

Besonders in der Karnevalszeit haben Clowns wieder Hochkonjunktur. Alles, was lustig ist und Spaß macht, ist gefragt. Sich albern verkleiden und als Clown Späße machen dürfen, ist vor allem für Grundschulkinder klasse. Im Zusammenhang mit der Narrenzeit bedarf es für dieses Thema nur wenig Einführung.

Alternativ bietet sich dieses Thema besonders dann an, wenn im heimatlichen Stadtteil ein Zirkus gastiert.

Methodische Anleitungen / Bildaufbau

1. Clown

Dieses Bildthema fällt (wie Projekt Nr. 12) unter das Kapitel Porträtmalerei. Hier sind genaue Beobachtung und Detailwiedergabe gefragt. Aber natürlich dürfen noch viele Einzelheiten erfunden und ergänzt werden, wobei Kreativität gefordert ist.

Entweder studieren Sie mit den Kindern eine Clowndarstellung oder lassen sich von den Kindern einen Fantasieclown beschreiben. Wer hat schon einmal einen Clown gesehen? Wie stellst du dir einen Clown vor? Was gehört zu einem Clown? Welche Details sind wichtig? Was könnte man einem Clown noch zusätzlich malen? Wer hat ganz ausgefallene Ideen?

Auch wenn die Kinder im Unterrichtsgespräch immer wieder den ganzen Clownkörper miteinbeziehen werden, klären Sie zu Beginn der Erarbeitungsphase, dass heute nur der Kopf gemalt werden soll, damit die kindlichen Erwartungen nicht irregeführt werden und die kreative Vorstellungskraft auf das „Haupt" konzentriert bleibt. Schließlich kann es mit dem Bild losgehen.

Der Kopf kann auf verschiedenste Weise gestaltet werden. Alle reflektierten Varianten sollten Sie auch als eigenständige Lösung zulassen. Der abgebildete Clown wurde wie folgt gestaltet:

Der Schüler des abgedruckten Bildes hat sich für eine ovale Kopfform und gelbes „Make-up" entschieden. Auf allgemeine Begeisterung stießen in dieser Klasse mit Deck-weiß gemalte „Augenringe". Alle malten Augen mit Augapfel und Pupillen. Augenbrauen und Wimpern wurden je nach Visagist unauffällig oder überzogen und lustig gemalt.

Der abgebildete Clown sollte eigentlich lachen, wirkte zur Überraschung des kleinen Künstlers aber schließlich traurig.

Dies nahm ich zum Anlass, ein spontanes Mimikstudium und -experiment an der Tafel durchzuführen: Die Kinder sollten sogenannte „Smilies" mit fröhlichem, traurigem, erstauntem, wütendem Gesichtsausdruck zeichnen. Immer vier Kinder gleichzeitig experimentierten anhand der Augenstellung, dem Augenbrauenzug und dem Mundausdruck an geeigneten Mimiken. Schnell stellten die Kinder fest, dass man nur mit Mund- und Augenbrauenstellung den entsprechend gewünschten Gesichtsausdruck erhält (s. Zeichnungen). Mit diesem Wissen bewaffnet, wollten einige Kinder ihr Bild noch einmal beginnen. Auf diese Weise entstanden nicht nur die unterschiedlichsten Clownköpfe, sondern auch die interessantesten Mimiken.

Schließlich durfte das „Beiwerk" nicht vergessen werden: Kurze, lange, glatte oder krause Haare in den tollsten Farben, Hüte in den schönsten Varianten mit fantastischen Ausschmückungen etc.

2. Hintergrund

Zur Hintergrundgestaltung musste der Ittensche Farbkreis herausgeholt werden. Gesucht wurde die geeignete Kontrastfarbe zur vorwiegend genutzten Farbe (meist die Gesichtsfärbung). Hierzu kann man noch einmal die Farbwirkungen ausprobieren wie in Projekt Nr. 14 „Erdbeerzeit" beschrieben. Die Farbe wird aufgetragen und muss trocknen.

3. Schleife

Schließlich darf sich die Fantasie der Kinder an der Schleife austoben. Der abgebildete Clown wurde mit einer Seidenpapierschleife geziert. Dazu wurde ein Rechteck in der Mitte mit einem Faden zusammengeknotet. Auf die Schleife wurden Seidenpapierknäuel aufgeklebt. Eine „Brosche" aus Glanzfolie bildete den Abschluss. Manege frei für Cornelius, den Clown!

Zusätzliche Aufgaben für schnell arbeitende Schülerinnen und Schüler

1. Eng mit der Bildaufgabe verknüpft ist folgende Zeichenaufgabe: Eine Galerie mit Köpfen, die die unterschiedlichsten Mimiken zeigt: Wie viele verschiedene Gesichter sind möglich? Was ist das wichtigste Ausdrucksmittel einer Gesichtsmimik (Augenbrauen, Mund)? Ordnet den Gesichtern Gefühlsbegriffe zu (fröhlich, traurig, wütend, verliebt etc.) (Kompetenzbereich „Grafisches Gestalten")!

2. Eine weitere Variante zum Bildthema: Es sollen vier Köpfe gemalt werden, bei denen sich alle Einzelelemente voneinander unterscheiden müssen. Zum Beispiel können Köpfe rund, dreieckig, rechteckig, quadratisch sein. Nasen können lang, kurz, spitz, rund, krumm, gerade etc. sein. Jede Figur sollte sich in allen Teilen von den anderen unterscheiden. Heraus kommt dabei eine witzige Sammlung von Kuriositäten, die die Kinder zum Lachen bringen wird (Kompetenzbereich „Farbiges Gestalten").

3. In Bastelbüchern werden stets viele Ideen zur Gestaltung von Clownfiguren ange-boten: Clowns als Hampelmänner, Marionetten, Kullerfiguren, Stiftboxen etc. Auch hier findet man viele Möglichkeiten, das Thema fortzusetzen (Kompetenzbereich „Räumliches Gestalten", „Szenisches Gestalten").

Kunstbetrachtung

Paul Klee liefert mit seinem Werk „Senecio" (1922) ein optisches Rätsel zum Thema Porträtmalerei und regt zum weiteren Experimentieren in diesem Bereich an. Ein Vergleich des Werkes von Klee mit Picassos „Harlekin" (1924) lässt die Kinder schnell Gemeinsamkeiten, aber auch Unterschiede finden (Kompetenzbereich „Auseinandersetzung mit Bildern und Objekten").

Ideenkiste für den fächerübergreifenden Unterricht: „Rund um Indianer"

Deutsch:

1. Spielekartei für das Karnevalsfest in der Schule anlegen (Spiele sammeln und Spielanleitungen aufschreiben)
2. Adjektive rund um die Karnevalskostüme (gestreift, übergroß, pechschwarz …)
3. „Kostüme raten" – Personenbeschreibung zur Karnevalsverkleidung aufschreiben, vorlesen und raten lassen
4. Freies Schreiben (z. B. Unsinnssätze im Karneval „Der blaue Hund hinter dem Grashalm miaut einen erbsengroßen Elefanten an.")
5. Gedichte: „Jahrein, jahraus" – Volksgut „Fastnacht der Tiere" von B. Wächter „Im Karneval" von B. H. Bull
6. Buchklassiker: „Die dumme Augustine" von O. Preußler / H. Lentz, Thienemann-Esslinger Verlag GmbH, 2012

Sachunterricht:

1. Karneval, Fasching, Fastnacht – So viele Namen für die gleiche Feier?
2. Wer feiert wo und auf welche Weise das närrische Treiben? (Brauchtum Karneval)
3. Wie wurde Karneval früher gefeier?
4. Verkleiden und schmücken – Welche Funktionen hat Kleidung noch? (s. dazu auch die „Ideenkiste" zum Thema „Kleidung", S. 38)

Fremdsprachlicher Unterricht:

1. Lied „The Hokey Pokey" (s. z. B. Singlish 2, Klett, Stuttgart)
2. Hampelmann „Jimmy" (s. u.)
3. Malrätsel „Paint my clown" (s. u.)

Jimmy

Jimmy is a jumping jack,
with his legs, arms, head and neck.
Lips and eyes are on his head,
the eyes are black and the lips are red.
With your fingers you pull his string,
then jumping jack can jump and spring.
(D. Krebs)

Paint my clown

The clown is tall and slim.
On his head with orange hair
is a yellow cap
with violet flowers.
His lips are white,
and his nose is red.
His T-shirt is green
and has black spots.
His shoes are brown
and his trousers are blue
with grey stripes.
(D. Krebs / J. Stapels)

Musik:

1. „Karneval der Tiere" – Hören einer musikalischen Burleske des französischen Komponisten Camille Saint-Saens
2. „Karnevals – Abc" von D. Jöcker / L. Kleinkamp (aus: „1, 2, 3 im Sauseschritt", Menschenkinder Verlag, Münster)
3. „Clown Sporelli" von D. Jöcker (aus: Si-Sa-Singemaus, Menschenkinder Verlag, Münster), Text siehe u. a. *www.golyr.de*, Tanz dazu unter *www.youtube.com*
4. „Maskenball" (s. z. B. „Singt und spielt", Cornelsen Verlag, Berlin)
5. „Der Hampelmann" – volkstümlich (s. z. B. *www.labbe.de* oder *www.youtube.com*)

Erdbeerzeit

Zeit	3–4 Unterrichtsstunden	
Material	Deckfarben, Zeichenblock DIN A3	
Kompetenzen	**Experimentelles und zielgerichtetes farbiges Gestalten** • Gliedern einer Fläche durch farbiges Gestalten • Mischen neuer Farbtöne im Rot- und Grünbereich und Beschreiben der Farbwirkung (Plastizität und Lebendigkeit) • Erproben, Beschreiben und Reflektieren von Farbkontrasten • Auseinandersetzen mit dem Ittenschen Farbkreis **Zielgerichtetes grafisches Gestalten** • Gestalten eines Bildzeichens („Erdbeere") • Einsetzen grafischer Mittel zur Gestaltung und Differenzierung einer Fläche (u. a. Punktmuster)	

Einstieg

Naheliegenderweise ist dieses Bild in der Erdbeerzeit (Mai / Juni) entstanden. Zur Freude der Kinder hatte ich ein Körbchen Erdbeeren mitgebracht und verteilt. Jeder durfte erst einmal probieren. Danach wurden die restlichen Früchte genau betrachtet: Form, Farbe, Pünktchen, Stielreste und Blätter werden benannt und mit vielen Adjektiven belegt. Mit diesen Kenntnissen bewaffnet ist die Bildaufgabe nun kein Problem mehr.

Methodische Anleitungen / Bildaufbau

1. Erdbeere

Dieses Mal beginnen die Kinder mit dem Motiv. Mit leicht gelbem Wasser wird die Fruchtform vorgezeichnet. Sie kann vergrößert und korrigiert werden, bis sie in ihrer typischen Form das Format ausfüllt. Nun erhält sie ihre rote Grundfarbe. In die noch nasse Farbe mischen die Kinder anschließend alle Rotorange-, Rotlila- und Rotbrauntöne hinein, die sie der Farbfamilie Rot abgewinnen können. An den Stellen, an denen die Grundfarbe schon getrocknet ist, wird sie wieder etwas angefeuchtet. Nass-in-Nass vermischen sich die Rottöne mit fließenden, natürlichen Farbübergängen. Schließlich „ernten" wir auf unserem Blatt eine prächtige Erdbeere in leuchtenden Rottönen. Schon jetzt sieht die Frucht plastisch und interessant aus.

2. Blätter

Natürlich darf auch das natürliche Fruchtgrün nicht fehlen. Ein mittleres Grün bildet den Blattgrund und die Blattform. Auch hier wird in die noch nasse Farbe Gelb, Braun und Dunkelgrün eingemischt. Vor den Augen der kleinen Künstler entsteht ein breites Spektrum von unterschiedlichen Grüntönen. Das Mischen vollzieht sich statt (farbraubend) im Kastendeckel direkt auf dem Blatt. Auf diese Weise entstehen vor allem keine Farbübergangsgrenzen. Die Farben laufen von alleine ineinander. Auch Erstklässler können so schon sehr beeindruckende Bilder malen und entdecken viel Neues zum Farbmischen und zu den Farbfamilien.

3. Hintergrund

Schließlich ist der Hintergrund an der Reihe. Dieser bietet Gelegenheit, über Kontrastfarben und den Ittenschen Farbkreis zu sprechen (s. auch „Vorwort"). Gesucht ist eine Farbe, die das Motiv („Erdbeere") gut zur Geltung bringt. Legen Sie die verbliebenen Erdbeeren (oder stellvertretend einen roten Pappkreis) auf verschiedenfarbige Papiere bzw. Tonkarton. Auf welchen Hintergründen kann man das Erdbeerrot am besten sehen?

Die subjektiven Eindrücke werden sich wahrscheinlich auf den Grün-Blau-Bereich einpendeln. Möchten Sie Ittens Farbenlehre mit in den Unterricht einbeziehen, empfiehlt es sich, das Experiment mit den anderen beiden Grundfarben zu wiederholen. (Gelb tritt besonders gut auf einem violettfarbenen Hintergrund hervor, Blau wird durch Orange gut verstärkt.) Ein Blick auf Ittens Farbkreis zeigt einen interessanten Zusammenhang: Farben, die sich im Farbkreis gegenüberliegen, bilden einen deutlichen Kontrast und verstärken ihre Wirkung gegenseitig. Man nennt diese Farbpaare „Kontrastfarben".

Auch der grüne Hintergrund darf in verschiedenen Grüntönen erstrahlen und somit das Bild beleben.

4. Erdbeerpunkte

Letztendlich fehlen nur noch die typischen „Erdbeerpunkte". Raffiniert sieht hier eine Mischung aus winzigen gelben Tupfen mit einem Hauch Schwarz aus. Für junge Künstler erweist es sich als sehr praktisch, wenn sie zuerst die gelben Punkte durchtrocknen lassen, bevor sie das Schwarz auftragen. Guten Appetit!

Z Zusätzliche Aufgaben für schnell arbeitende Schülerinnen und Schüler

Im Rahmen der Kontrastfarbenlehre probieren Sie einmal Folgendes: Mittels der gleichen Vorgehensweise können flotte Maler eine große blaue Pflaume malen und den passenden Hintergrund ermitteln (Orange-Gelb-Bereich). Andere Kinder probieren sich an einer gelben Zitrone. Hier bewegt sich ein passender Hintergrund im Lila-Blau-Bereich. Auf diese Weise entstehen drei wunderbare Anschauungsobjekte zum Thema „Kontrastfarben".

Wer alles noch auf die kontrastreiche Spitze treiben möchte, lässt des Weiteren grüne Weintrauben auf rotem Grund, orange Apfelsinen auf blauem Grund und „violette" Brombeeren auf gelbem Grund malen (Kompetenzbereich „Farbiges Gestalten").

Darüber hinaus lassen sich die verschiedensten Dinge rund um das Erdbeermotiv basteln (Erdbeer-Grußkarten, Erdbeer-Schachteln, Erdbeeranhänger für Strohhalme ...).

Kunstbetrachtung

Sehr interessante „Erdbeer"-Gemälde findet man von professionellen Künstlern und Hobbymalern im Internet. So zum Beispiel „Erdbeere" (2011) von Valeri Lanski-Waldt oder „Erdbeere" (2005) von Jürgen Raabe. Auch wenn hier keine „alten Meister" am Werk sind, lassen sich doch die vielen verschiedenen Techniken und Ergebnisse (hinsichtlich Farbauftrag, Motivkomposition, Hintergrundgestaltung etc.) bewundern (*www.google.de* → Bilder → „Malerei" „Erdbeere"). Erdbeeren und andere Früchte wurden in vorangegangenen Epochen oft im Rahmen von Stillleben auf die Leinwand gebracht (z. B. Isaak Soreau „Stillleben mit Früchten" (um 1640)) (Kompetenzbereich „Auseinandersetzung mit Bildern und Objekten").

Ideenkiste für den fächerübergreifenden Unterricht: „Rund um die Erdbeere"

Deutsch:

1. Adjektive rund um die Erdbeere sammeln (süß, rot, saftig, kernig etc.)
2. „Beerenbuch" gestalten (schreiben und malen)
3. Rezeptbuch rund um die Erdbeere (Erdbeerrezepte sammeln, austauschen, aufschreiben, illustrieren)
4. „Auf dem Erdbeerfeld" – Freies Schreiben (z. B. Fantasieerzählungen: „Ein Maulwurf erzählt" oder „Streitgespräch zwischen zwei Erdbeeren")
5. „Obst in unseren Gärten" (Siebert – Lehrreiche Mal-bücher zum Lesen, Schreiben und Malen)

Sachunterricht:

1. Bist du ein Erdbeerforscher?
   - Erdbeeren mit allen Sinnen erkunden (fühlen, riechen, sehen und schmecken)
   - Begriffe rund um die Erdbeere (Fruchtfleisch, Stiel, Blüte, Mutterpflanze, Tochterpflanze, Ableger etc.)
   - Wie entsteht eine Erdbeere? (Von der Blüte zur Frucht)
   - Welche Nährstoffe sind in der Erdbeere?
   - Was kann man aus Erdbeeren alles zubereiten? (Marmelade, Kuchen, Saft, Eis, Joghurt, Bowle etc.)
2. Welche Nützlinge und Schädlinge gibt es im Erdbeerfeld?
3. Welche Beeren gibt es sonst noch? (Himbeeren, Blaubeeren etc.)
4. Wie unterscheidet man Kernobst von Steinobst?
5. Wann können wir was ernten? (Beerenobstkalender)
6. Welche Obstsorten gibt es sonst noch?
7. Wo finden wir den nächsten Obstbauern in unserer Nähe?

Fremdsprachlicher Unterricht:

1. Begriffe: strawberry, fruit, red, sweet
2. Sätze bilden: „My strawberry is ..."
3. Frage-Antwortspiel „Strawberry" (s u.)

Frage-Antwortspiel „Strawberry"

Answer me! Describe your strawberry!
Is your strawberry red or blue? (red!)
Answer me! Describe your strawberry!
Is your strawberry sweet or sour? (sweet!)
Answer me! Describe your strawberry!
Is your strawberry big or small? (small)
Answer me! Describe your strawberry!
Is your strawberry juicy or dry? (juicy!)
…

(D. Krebs / J. Stapels)

Musik:

1. „Obstsalat" von D. Jöcker (aus: „Und weiter geht's im Sauseschritt", Menschenkinder Verlag München)
2. „Erdbeere und Quark" – Song von M. Sarholz / W. Meier u. a. auf „Wir wollen alle in die Suppe", Sternschnuppe Verlag (Text z. B. unter *www.golyr.de*)
3. Notenlehre: Halbe- und Viertelnoten: Auf dem Wochenmarkt wird gerufen – lang: Halbe Note, kurz: Viertelnote („Erd – bee – re" / lang, kurz, lang, „Ba – na – nen" / kurz, lang, kurz, „Fri – sche – Blu – men" / kurz, kurz, lang, lang etc.)

BVK PA03 • Doris Krebs: Kunstprojekte zur Klassenraumgestaltung, Band II: Winter und Frühling

Klaus, die Maus im Sonnenuntergang

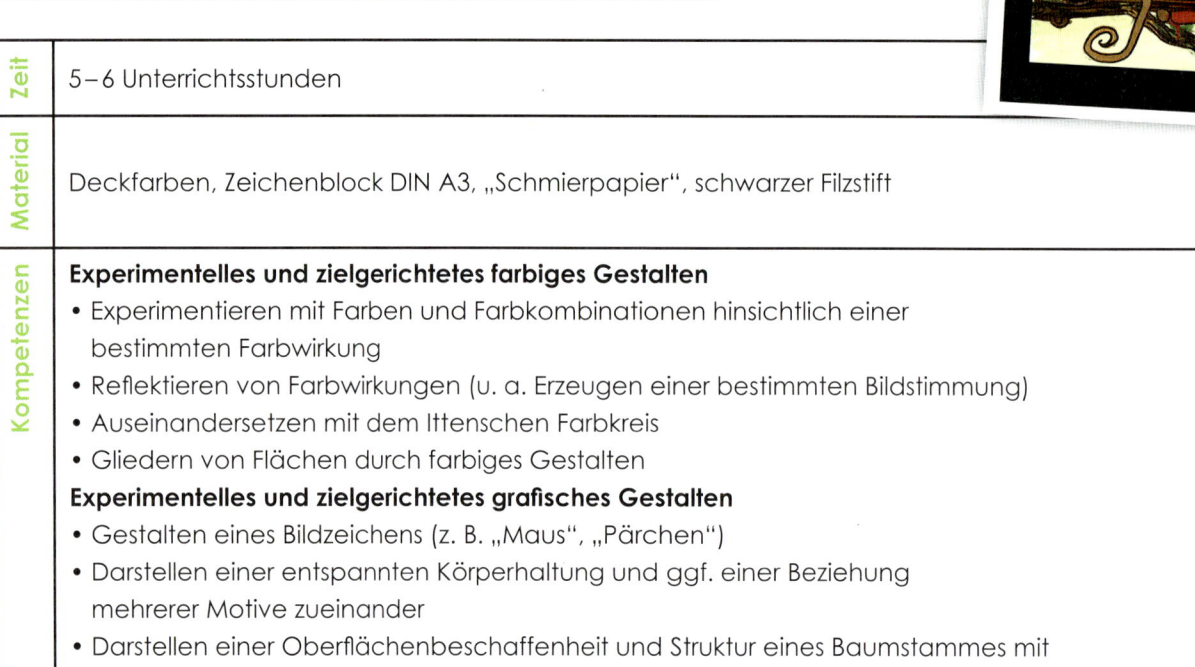

Zeit	5–6 Unterrichtsstunden
Material	Deckfarben, Zeichenblock DIN A3, „Schmierpapier", schwarzer Filzstift
Kompetenzen	**Experimentelles und zielgerichtetes farbiges Gestalten** • Experimentieren mit Farben und Farbkombinationen hinsichtlich einer bestimmten Farbwirkung • Reflektieren von Farbwirkungen (u. a. Erzeugen einer bestimmten Bildstimmung) • Auseinandersetzen mit dem Ittenschen Farbkreis • Gliedern von Flächen durch farbiges Gestalten **Experimentelles und zielgerichtetes grafisches Gestalten** • Gestalten eines Bildzeichens (z. B. „Maus", „Pärchen") • Darstellen einer entspannten Körperhaltung und ggf. einer Beziehung mehrerer Motive zueinander • Darstellen einer Oberflächenbeschaffenheit und Struktur eines Baumstammes mit grafischen Mitteln

Einstieg

Ein viertes und letztes Mal brauchen wir Ittens „aufgeschnittenen" Farbkreis als Hintergrund. Von den vier angebotenen Varianten ist dies wohl die klassischste (und auch romantischste). Diese Motividee entstammt einem Kinderbuch, das ich in einer Bücherei einmal kurz in der Hand hatte, aber schließlich (leider) nicht weiter beachtet habe. Ich betrachtete besonders die Happy-End-Schlussseite. Zu Hause wieder angekommen, verblieb in mir immer noch der Eindruck dieses ausgestrahlten „Ruhe- und Glücksgefühls". Im Rahmen einer Unterrichtsreihe zum Thema Gefühle suchte ich ein Pendant zu den schon gemalten Wut-, Angst-, Freundschaftsbildern. Ich malte „Klaus, die Maus" in Anlehnung an das gesehene Bild (s. Skizze oben rechts) und präsentierte es den Kindern zur stummen Betrachtung. Das Motiv erzeugte in meinen kleinen Betrachtern ähnliche Assoziationen, wie ich sie bei der Betrachtung empfand: Ruhe, Zufriedenheit, Glück. Nun galt es zu analysieren, warum ein Bild bei vielen Menschen gleiche Stimmungen und Gefühle auslösen kann. Die Kinder kamen dabei auf zwei entscheidende Faktoren: Zum einen die verwendeten Farben und ihre Zusammensetzung, zum anderen die Körperhaltung der gemalten „Personen", die immer eine gewisse „Sprache" spricht.

Durch ihre Nachbarschaft und Farbverwandtschaft erzeugen die Farben auf dem abgewandelten Farbband nach Itten (s. Abbildungen zum Ittenschen Farbkreis S. 24) eine gewisse Harmonie. Als Hintergrund verwendet, erinnert das Farbspiel an einen Sonnenauf- oder untergang. Dieser wird bei den Betrachtern häufig mit den Gefühlen von Ruhe, Zufriedenheit und Glück in Verbindung gebracht. Die Körperhaltung der Maus entspricht einer Ruheposition. Auch wenn das Gesicht abgewandt ist, vermittelt die Maus den Eindruck eines stillen, zufriedenen Betrachters. Alle Eindrücke zusammen lüften das Geheimnis um die Wirkung dieser Malerei.

Die Bildaufgabe lautete nun, ein Bild zu malen, das ein positives Gefühl auslöst. Nach der gemeinsamen Besprechung empfanden die Kinder dies nicht mehr als besonders schwer. Völlig frei gestellt waren dieses Mal der Hintergrund und die Motivgestaltung.